丛书主编 董进才

本书由国家社会科学基金（No.15CGL005）、浙江财经大学工商管理学院浙商研究专项项目资助。

新时代浙商企业技术创新和管理创新经验
——基于价值创造的视角

赵 江 著

经济管理出版社
ECONOMY & MANAGEMENT PUBLISHING HOUSE

图书在版编目（CIP）数据

新时代浙商企业技术创新和管理创新经验——基于价值创造的视角／赵江著．—北京：经济管理出版社，2020.4
ISBN 978-7-5096-7083-5

Ⅰ.①新… Ⅱ.①赵… Ⅲ.①企业创新—创新管理—研究—浙江 Ⅳ.①F279.275.5

中国版本图书馆 CIP 数据核字（2020）第 064103 号

组稿编辑：张莉琼
责任编辑：张　艳　张馨予
责任印制：黄章平
责任校对：陈　颖

出版发行：经济管理出版社
　　　　　（北京市海淀区北蜂窝 8 号中雅大厦 A 座 11 层　100038）
网　　址：www.E-mp.com.cn
电　　话：（010）51915602
印　　刷：三河市延风印装有限公司
经　　销：新华书店
开　　本：720mm×1000mm/16
印　　张：10.5
字　　数：178 千字
版　　次：2020 年 4 月第 1 版　2020 年 4 月第 1 次印刷
书　　号：ISBN 978-7-5096-7083-5
定　　价：78.00 元

·版权所有　翻印必究·

凡购本社图书，如有印装错误，由本社读者服务部负责调换。
联系地址：北京阜外月坛北小街 2 号
电话：（010）68022974　邮编：100836

总 序

浙商是中国当代四大商帮之首。千余年来浙商风云际会，人才辈出，在浙江乃至世界各地书写了波澜壮阔的商业历史。从唐朝资本主义萌芽，到明清时期民族工商业的脊梁，浙商用敢闯敢拼的进取精神和踏实肯干的务实作风，用商业实践写就了中国民族资本主义发展的篇章。历史上，大量浙商曾在民族经济和民族企业发展过程中留下了浓墨重彩的一笔，如明初天下首富沈万三、清末红顶商人胡雪岩、五金大亨叶澄衷等。自改革开放以来，大批浙商纷纷登上时代的舞台，秉持"历经千辛万苦、说尽千言万语、走遍千山万水、想尽千方百计"的"四千"精神，在改革开放中取得了举世瞩目的伟大成就，一大批知名企业家如鲁冠球、马云、李书福、杨元庆、宗庆后、任正非等走在了中国改革开放的最前沿，成为改革开放的商业领袖，引领浙商企业在商业实践中砥砺前行，取得了空前伟业。

随着中国民营经济的蓬勃发展，浙商企业已成为中国民营企业发展的一面响亮旗号，威名响彻大江南北。"浙商"企业早已不是当初民营经济的"试水者"，而是助推中国经济腾飞的"弄潮儿"。"冰冻三尺非一日之寒"，浙商企业的成功既有其历史偶然性，更有其历史必然性。浙商企业的蓬勃发展是中国改革开放的一个缩影，通过"千方百计提升品牌，千方百计保持市场，千方百计自主创新，千方百计改善管理"的"新四千"精神，浙商企业在激烈的市场竞争中占据重要地位，浙商企业的管理实践经验对中国本土企业的发展有着深刻的启迪和引领作用。这其中蕴含的丰富管理理论和实践经验需要深入挖掘。

当前中国特色社会主义进入了新时代，这是我国发展新的历史方位。新时代下互联网经济和数字经济引领发展，以阿里巴巴为代表的移动支付等数字交易平台发展居于全国领先，新经济催生了新的管理理念和管理模式，新时代催生浙商新使命、新征程、新作为和新高度。对新时代浙商企业管理经验的全方位解读，并产出科研和教学成果，是产学、产教融合的有效途径,也是对浙商群体乃至其他商业群体发展的指路明灯。

2019年恰逢中华人民共和国成立70周年,浙江财经大学成立45周年,浙江财经大学工商管理学院成立20周年。浙江财经大学工商管理学院在全院师生的不懈努力下,在人才培养、科学研究和社会服务方面做出了理想的成绩。新时代工商管理学院也对商科教育不断开拓创新,坚持"理论源于实践,理论结合实践,理论指导实践"思想重新认知和梳理新商科理念。值此举国欢庆之际,浙江财经大学工商管理学院聚全院之智,对新时代浙商管理经验进行总结编纂,围绕新时代浙商管理经验展开剖析,对新时代浙商企业的实践管理经验进行精耕细作的探讨。深入挖掘浙商企业成功的内在原因,进一步探讨新时代浙商企业面临的机遇和挑战。我们期望,这一工作将对传承浙商改革创新和拼搏进取的精神,引领企业发展和助推中国和浙江的经济高质量发展起到重要作用。

本系列丛书研究主题涵盖新时代浙商企业管理的各个方面,具体包括:"新时代浙商企业技术和创新管理经验""新时代浙商文化科技融合经验""新时代浙商互联网+营销管理经验""新时代浙商跨国并购协同整合管理经验""新时代浙商绿色管理经验""新时代浙商社会责任管理经验""新时代浙商国际化经营管理经验""新时代浙商互联网+制造管理经验""新时代浙商知识管理经验""新时代浙商商业模式创新经验""新时代浙商战略管理经验""新时代浙商营销管理经验"等。本丛书通过一个个典型浙商管理案例和经验的深度剖析,力求从多个维度或不同视角全方位地阐述浙商企业在改革开放所取得的伟大成就,探讨全面深化改革和浙商管理创新等的内涵及其关系,进一步传承浙商的人文和商业精神,同时形成浙商管理经验的系统理论体系。

本系列丛书是我院学者多年来对浙商企业管理实践的学术研究成果的结晶。希望本系列丛书的出版为中国特色管理理论发展增添更多现实基础,给广大浙商以激荡于心的豪情、磅礴于怀的信心、砥砺前行的勇气在新时代去创造更多的商业奇迹,续写浙商传奇的辉煌。相信本系列丛书的出版也在一定程度上会对新时代其他企业发展提供必要的智力支持,从多个角度助推中国民营经济的发展。

浙江财经大学党委宣传部部长
董进才教授

序 言

　　改革开放40多年来，中国的经济建设取得了举世瞩目的成就。一大批知名的民营企业脱颖而出，成为中国经济发展的重要标杆。自中共十八大以来，中国在经济形态、文化内容、科学事业等都发生了重要的历史性变革，特别是围绕供给侧进行中国经济结构的调整为全面深化改革的经济路线提供了新的动力。供给侧结构性改革的实质是提高产品的市场供给质量，提升经济增长的质量。为此，围绕增量改革促进存量内容的调整，中国的经济发展呈现出"新常态"，从每年高达两位数的高速经济增长模式逐步转变为每年6%~8%的中高速增长，经济结构也由原有的粗放型增长方式逐步转变为集约型增长方式。宏观经济结构调整速度进一步加快，传统产业开始转型升级，经济发展从"要素驱动""投资驱动"逐步转向以服务驱动和创新驱动为核心的二元经济结构。中共十八大之后，习近平总书记又提出"新丝绸之路经济带"和"21世纪海上丝绸之路"的伟大战略构想，这为中国企业开辟国际市场、融入世界市场、参与全球性国际竞争奠定了重要的战略思想基础。在这一外部市场环境下，中国企业如何适应国内外经济形势变化，不断加快新产品的研发和生产，提升产品的国际市场竞争力，提高产品的品牌知名度，则对企业技术创新能力和管理创新体系提出了更高的要求。

　　在中国经济"新常态"发展这一现实背景下，围绕城乡和区域高质量发展目标，浙江省也相继出台了包括"八八战略""十三五规划"等一系列新的改革发展战略措施，强调发挥科技创新在浙江经济发展和社会全面创新中的引领作用。加快全省创新体系构建，推动包括基础创新、原始创新、集成创新和引进消化吸收再创新等各种创新形式，强调企业应当进一步增强自主创新能力，并将其作为经济和社会发展的原动力。这一系列战略举措不仅解决了浙江经济、政治、文化、社会、生态协调发展的全局性问题，而且解决了浙江众多民营企业在科学发展和产业结构转型方式的重大商业问题，这为众多的浙商企业在"新常态"下加快企业转型升级、优化各种要素的资源配置、提高全要素的生产效率，提升企业的市场竞争力等奠定了理论基础。

从农耕文明到现代社会，浙江商人一直立足于浙江地域但不拘泥于这一地理区域。千余年来，浙商群体不断突破浙江地域固有的资源局限性以及中国传统农耕文化对自由开放的商业思想的束缚。依托与国内外频繁的商业实践活动，浙江商人已经成为中国经济发展的重要推动力量，一大批浙江商人在中国历史中熠熠生辉：历史上著名的湖州人沈万三通过经商发家并一举成为明初天下首富；清末镇海人叶澄衷经销五金零件并成为中国近代五金行业的先驱；清末的胡雪岩更是成为一代"红顶商人"。特别是在中国的改革开放以后，一方面，大批浙江企业家纷纷在浙江省内创建了一批富有影响力的现代民营企业，通过不断的产品技术研发和开拓创新，为浙江的经济腾飞铸就了坚实的物质基础；另一方面，许多浙江籍企业家涌入浙江省外甚至走出国门，奔赴世界各地，通过不懈的创新拼搏，同样创建了具有浙江地域文化特色的创新型企业，直接或间接推动了中国经济的高速发展。据不完全统计，截至2018年底，在浙江省以外的浙商群体总量也已经突破1000万，其每年创造的财富价值和浙江省全年GDP总量大致相仿。

作为中国最著名的四大商帮之一，浙商企业家一直秉承"拼搏创业、吃苦肯干"的精神，并将其作为企业发展的内在推动力，不断加强企业技术创新和管理创新，通过创新创业实践加快浙商企业的发展。在创业过程中，涌现出一大批富有代表性的知名浙商，比如万向集团的鲁冠球、娃哈哈集团的宗庆后，阿里巴巴的马云等已经成为中国改革开放40年的改革先锋，在各自岗位发挥着先锋旗帜性作用。现在，浙商企业早已历经初始的艰难创业阶段，经过拼搏创新已经完成最原始的资金积累。在企业创立之初，浙商企业的技术条件相对比较落后，为此，浙商企业不断加强组织的自主学习，强调通过模仿创新、技术引进等方式积极吸取国外先进企业的生产技术和管理经验，并将这些生产技术进行本土化改良并运用于生产实践，最终提升了产品的质量，推动企业取得了快速的发展。但总的来说，浙商企业的成功很大程度上是对自然资源的高消耗所取得的。而如今，企业正面临着如何提升产品的品牌形象和市场竞争力，提高企业规模效益、加快产品品牌升级的"守业"阶段。在中国新一轮的"大众创新、万众创业"的全面深化市场改革和发展的大背景下,浙江经济也面临着转型升级的困境。特别是原有的人口成本红利几乎消失,资源消耗型的经济模式正日益被资源循环利用、绿色可持续经济发展模式所替代,企业在国际市场面临着更加激烈的外部市场竞争,单一的"低质低价"策略已经难以适应国际市场的竞争需求。这一转型过程就需要企业完全摒弃原有的高投入、高消耗、低产出的"粗放型"发展模式,通过提高生产要素质量和使用效率,依靠生产要素的优化组合以实现"集约型"经济增长。这对守业阶段的浙商的创新能力和价值创造过程提出了新的要求。

面对国内外经济新形势的变化,技术创新成为浙江企业长远生存和发展的原动力。然而,企业技术创新是一项非常复杂的、充满高风险的系统性研发活动,不仅要考虑企业面临的各种相关技术因素,还需考虑与企业生存和发展相关联的各类市场因素。可见,企业技术创新的实质是将已有的技术资源引入企业内部,并将这一资源能力和企业生产、研发能力相结合,构建出适合企业发展的全新生产方式和经营模式,最终将创新能力转化为企业的新产品生产能力。可见,这一过程就是价值生成和创造的过程。特别是自改革开放以来,浙江省的企业一直强调完善企业价值链的价值创造过程,即通过技术创新和管理创新手段,不断加强各种要素资源的有效配置,最终创造出适应市场需求的新产品和新价值。在 40 年改革开放实践过程中,浙商企业的创新道路十分曲折和艰辛。通过企业早期的模仿再创新,再到后期的独立创新,最终走出了属于企业自主创新发展的道路。在价值创造过程中,浙商企业始终强调不断满足客户需求,不断推进价值传递。而价值创造的源泉在于组织结构的匹配、人力资源的整合以及组织管理的协同优化。这一优化过程的核心要素是通过人力资源优化而提升产品价值。因此,浙商企业通过加快高层次人才的培养和引进,不断加强人才和组织结构之间的柔性匹配,以企业自主创新为主体,通过完善人力资源管理,构建了"产学研一体化"相结合的技术创新体系。

本书作者赵江博士从浙商的历史沿革出发,基于实地调研获得大量丰富的具体案例并结合数学理论模型构建,系统分析了基于价值创造的"浙商"企业的技术创新理论和相关的管理经验。这一研究独辟蹊径,有别于传统单纯地对浙商进行企业的多案例研究模式。希望本书的出版,为浙江省内企业在经济新常态下提升企业技术创新能力和管理创新能力,提高企业研发能力和市场核心竞争力,加强企业产品创新战略方面提供有效的经验总结和必要的智力支持。此外,作者所选择的浙商企业是从浙江省内数千家优秀浙商企业中实地调研出来的最具代表性的企业,这些浙商企业是我国优秀创新型企业的典型代表。特别是在新时期,相关浙商案例企业围绕产品的价值创造在技术创新和管理创新方面都做了大量卓有成效的系统性工作。总之,本书对浙商企业的系列技术创新经验和管理创新理论的总结对国内其他企业的技术创新战略、创新资源的优化配置、组织人才的柔性匹配、新产品或新工艺的系统研发等同样有着重要的启示作用。

复旦大学刘杰教授

PREFACE
前 言

  自主创新是一个国家有效调整经济结构和转变经营方式的中心环节，加快构建以企业为主体的技术创新体系是我国加快建设创新型国家发展战略的核心。企业的自主创新既是提升产品的市场竞争力、加快企业转型升级的一种重要方式，也是推动企业跨越式发展，推进社会生产力进步的重要举措。随着中国全面推进改革开放，我国迫切需要将企业自主创新作为企业提升市场竞争力的核心，将企业的创新能力的增强作为企业发展的内在动力，并成为企业可持续发展和社会经济转型的重要推动力量，深入贯彻到我国社会主义现代化建设的各个方面。通过企业自主创新，不断提升产品的内在质量，提高企业产品的更新换代速度以适应市场的发展从而优化产业结构，推动产业的转型升级，促使我国从固有的"资源依赖型"社会结构逐步迈向"创新驱动型"转变型社会结构。

  企业自主创新的原动力一方面来自企业外部激烈的市场竞争，客观上需要企业通过创新手段创造出与原有产品类型存在一定市场差异化的全新产品，从而提升产品的市场竞争力；另一方面，这一动力源自企业家对产品技术创新的投入程度，这与企业的自身发展战略目标、产品结构和所处的市场地位等都密切相关。为此，调动企业技术创新的积极性的关键是要调动企业家对企业技术创新的积极性。在国家新一轮的创新工作战略部署下，围绕"大众创新，万众创业"的核心要求，浙江省政府也积极采取一系列举措，如组织企业实施并构建大量的技术创新工场，坚持面向企业推进技术创新和管理创新，引导各种创新要素包括资金、技术、人才、政策等不断向企业聚集，着力引导企业提升自主创新能力。一方面，当前浙江科技创新资金总额的 70% 以上投入到各类企业产品研发和生产过程，已产生出一系列具有市场竞争力的创新产品和特色服务，并孵化出大量与之相关的科技创新平台；另一方面，浙江省积极推动并实施"千人计划"等一系列人才工程政策，吸引来自海内外的优秀人才和优秀创新、创业团队入驻企业，并通过有效的服务引导政策帮助企业的创新人才充分展现其创新能力。特别是自中共十八大以来，全省涌现出大批具有较强创新能力的高科技企业，围绕当前"互联网+""大数据""云计算""人工智能"等高新技术领域，通过加强企业技术创新，企业拥有了大量的自主知识产权，并围绕相关的产品加快技术升级速度，创制了一批新产品或大幅提升了固有产品的质量，围绕相关产品构建了大批省内外知名的品牌产品。在浙江企业创新实践过程中，涌现了阿里巴巴集团马云、富通集团董事局主席王建沂、华为技术公司任正非、杭州娃哈哈集团宗庆后、正泰集团董事长南存辉、传化集团董事长徐冠巨、万向集团鲁冠球、均瑶集团王均金等大批知名浙江籍企业家。这些企业家通过"模仿创新""自主创新"等不同类型的企业技术创新活动和"集成管理""系统管理"等相配套的要素管理活动，提升了企业的管理水平和创新能力，直接或间接促进了浙江经济的快速发展。

　　浙商群体的形成具有悠久的历史背景。寻根溯源，凭借其"敢为天下先"的精神，从唐宋时期开始，浙商就通过传统手工业和初具资本主义工商业雏形的商业活动登上了历史舞台。进入民国时期，随着资本主义工商业的蓬勃发展，浙商创建了大批的民族企业，并成为中国资本主义萌芽的典型代表。特别是改革开放40周年以来，广大的浙商企业通过持续的技术创新和管理创新活动，推动企业的转型升级，并通过生产要素资源的优化配置，推动产品的升级换代。在经济新常态环境下，中国的经济由高速增长逐步转变为中高速增长状态。浙商也面临着国内外更为严峻的形势。具体而言，一方面，国内市场的产品竞争日趋激烈，产品的同质化日趋严重，原材料成本和人力成本大幅度提高，不少浙商企业的产品面临着产品衰老的问题，如何延长产品生命周期，应对"互联网+"时代产品的升级换代成为浙商需要考虑的重要战略问题；另一方面，中美贸易争端对产品的出口提出了更高的要求。特别是随着国外市场对普通日用产品需求也日趋饱和，而对高端产品需求逐步增加，这对企业的产品质量和品牌效应等提出了新要求。只有品牌化、国际化甚至市场定制化的产品才能在国际市场上占据有利的市场竞争地位。而产品品牌的发展、针对目标受众的产品定制亟须企业加快产品的升级改造。因此，浙商企业将技术创新作为企业发展的内在驱动力，通过持续有效的技术投入和研发资金投入，不断推动产品的升级换代。同时，通过科学有效的管理决策，提升人力、资金、原材料等生产要素资源的配置效率。

本书旨在以代表性浙商的市场实践为基础，通过剖析浙商的技术创新和管理创新经验，并将其架构为最新的创新研究成果，力求使读者能够通过浙商近年的发展和创新实践为基础，强调如何掌握技术创新的基本理论和方法以指导企业的创新产品生产。因此，本书在撰写过程中，始终突出以下两个特点：其一，坚持浙商技术创新基础理论和具体实践过程相统一。各章结合理论知识提供浙商技术创新方面的成功或失败的案例和经验，通过剖析具体过程，使读者更能深刻认识到浙商发展的全部历程。其二，坚持前沿性和基础性相结合。各章内容尽可能反映当前国内外学者在技术创新和管理创新领域的最新理论和思想成果。同时，挖掘浙商在技术创新中的个性内容，便于读者掌握相关的基础理论。

本书采用案例分析和理论建模相结合的方式研究浙商技术创新和管理创新经验。通过具体案例导入，从企业技术创新的资金投入、资源配置、组织管理、人才队伍建设等方面，对浙商企业的创新实践做了总结和分析。其中，第一章系统地介绍了浙商的历史沿革变化。第二章介绍了浙商的创新管理和面临的挑战。第三章介绍了浙商创新创业所面临的环境特征。第四章介绍了新常态下浙商的困境和方向选择。第五章介绍了浙江全面改革下浙商创新创业的新思路。第六章介绍了新时期浙商创新的具体路径选择。第七章分析了浙商多元化的创新和管理思路。第八章阐明了本书的创新特色和相关的研究结论。每一章都通过具体的案例对理论进行分析。通过理论联系实际，详细阐明了浙商企业的技术创新过程。本书的成型和出版得益于浙江财经大学工商管理学院浙商专项研究项目的大力支持，学院领导董进才教授、王建明教授、滕清秀老师等在专著写作和资料收集等方面给予了鼎力的智力支持。另外，浙江财经大学何诗楠同学（现英国格拉斯哥大学研究生）在部分案例资料收集、书籍文字校正过程中给予了一定的帮助，在此一并表示感谢。尽管作者在撰写过程中力求尽善尽美，尽可能将浙商企业所有相关的重要技术创新和管理创新内容予以呈现，但水平有限，错误和不足之处仍在所难免，恳请读者不吝指正。

赵 江 博士
2019 年 2 月

DIRECTORY
目 录

第一章 绪 论 …………………………………………………… 1
 第一节 浙商的发展历程沿革 / 3
  一、浙商的地缘环境造就浙商创新精神 / 4
  二、浙商历史沿革承载浙江商业文化烙印 / 7
  三、现代浙商及其对创新变革对中国经济的影响 / 10
 第二节 研究综述 / 13
  一、浙商的相关学术理论研究 / 13
  二、企业技术创新的相关研究 / 17
 第三节 浙商技术创新典型企业：阿里巴巴集团 / 24
  一、阿里巴巴的技术创新实践 / 25
  二、阿里巴巴管理创新实践 / 25

第二章 浙商技术创新管理及其面临的挑战 ……………………… 29
 第一节 浙商技术创新过程和管理创新过程 / 30
  一、企业技术创新过程、目标和要素配置 / 31
  二、浙商的技术创新管理过程 / 35
  三、浙商技术创新的价值实现过程 / 37
 第二节 浙商技术创新面临的环境变迁 / 40
  一、浙商技术创新面临的环境变化 / 41
  二、新常态下浙商管理创新面临的内外部困境 / 44
 第三节 浙商技术创新典型企业：娃哈哈集团 / 46
  一、娃哈哈集团技术创新过程 / 47
  二、娃哈哈集团管理创新团队 / 47

第三章 浙商企业新时期创新创业的环境特征研究 …………………… 49

第一节 浙商创新的内外环境不确定性 / 49
一、恶性的行业竞争制约了技术创新的发展速度 / 50
二、企业技术创新周期长，资金投入量过高 / 51
三、人才流失和信息不对称性的制约 / 52
四、政策支持力度和产权保护措施有限阻碍了企业技术创新步伐 / 52

第二节 浙商技术创新的多维特征 / 53
一、浙商技术创新过程具有复杂性 / 54
二、浙商技术创新过程是长期实践和系统学习的统一 / 55
三、浙商技术创新过程具有动态性 / 55
四、浙商技术创新能力和创新成果的动态平衡 / 56
五、浙商技术创新的高风险性和高投入性并存 / 57

第三节 浙商技术创新的探索性战略 / 58
一、技术创新推动企业转型升级 / 58
二、浙商强烈的社会责任感内在推动了社会的进步 / 59
三、管理创新推动企业不断发展壮大 / 60

第四节 浙商技术创新典型企业：宁波水星环保科技有限公司 / 62

第四章 新常态下浙商的困境和选择 ……………………………………… 64

第一节 经济新常态下浙商的困境 / 65
一、融资困难与企业家更新换代难题 / 65
二、企业技术创新和生态保护 / 67

第二节 新常态下浙商的市场选择 / 68
一、浙商的技术不确定性提高推动营销模式创新 / 68
二、各类型企业技术创新模式探索 / 70

第三节 新常态下浙商的创新变革力量 / 71
一、新常态下创新发展战略 / 72
二、新常态下浙商的技术创新转型升级 / 74

第四节 浙商代表性企业：吉利集团技术创新和管理创新 / 76
一、吉利集团技术创新实践 / 77
二、吉利集团围绕技术创新的管理创新实践 / 78

第五章 浙江全面深化改革下浙商创新创业态度和思路 ………… 81

第一节 浙商企业的使命和创新创业 / 82
 一、浙商的制度创业和平台创业 / 82
 二、浙商的技术创新实践 / 83
 三、浙商管理的变革——家族企业和代际传承 / 84

第二节 浙商技术自主创新和持续学习 / 85
 一、企业自主创新和自我学习 / 86
 二、浙商知识转换和资源整合 / 87
 三、积极加强技术创新过程的风险控制 / 88

第三节 基于浙商精神的企业创新资源整合研究 / 89
 一、新时期浙商精神和技术创新关系 / 90
 二、新时期浙商精神的内涵 / 90
 三、浙商企业技术创新过程中的资源整合能力 / 94

第四节 浙商代表性技术创新企业案例：万向集团 / 99
 一、万向集团的技术创新实践 / 99
 二、万向集团的管理创新实践 / 100

第六章 浙江深化改革背景下浙商创新的路径和选择 ………… 102

第一节 技术创新推动的浙商制度创新过程 / 103
 一、浙商技术创新路径的基本模型 / 103
 二、浙商制度创新—环节集中过程 / 105
 三、华东医药集团技术创新案例实践 / 106

第二节 技术创新推动的浙商平台创业 / 107
 一、大数据背景下的技术创新平台建设 / 108
 二、技术创新机制构建："一站式"技术创新服务平台体系建设 / 109

第三节 浙商的技术创新路径选择 / 111
 一、技术创新的实现路径 / 111
 二、技术创新能力演化路径研究 / 114

第四节 浙商技术创新和管理创新案例：杭州遥望网络股份有限公司 / 116
 一、遥望网络股份有限公司技术创新实践 / 116

二、遥望网络管理创新实践 / 117

第七章　浙商的多元化管理创新与实践 …………………………………… 120
第一节　浙商管理创新意识和企业内部激励 / 121
一、管理创新机制下的制度创新 / 121
二、管理创新机制下的企业内部激励措施 / 122
第二节　浙商人才培养机制和创新环境 / 123
一、浙商企业的人才培养机制 / 124
二、创新人才的管理体制构建 / 125
第三节　浙商科技管理体制创新与产业升级 / 126
一、浙商科技管理体制创新方式 / 126
二、浙商技术创新推动产业升级 / 127
第四节　浙商代表性管理案例实践：浙江物产集团 / 129
一、浙江物产集团的多元化技术创新实践 / 130
二、浙江物产集团的管理创新实践 / 132

第八章　研究结论与局限 …………………………………………………… 135
第一节　主要研究结论 / 135
一、构建优化创新战略模式 / 135
二、遵循市场需求为导向的技术创新发展模式 / 136
三、以人才为核心的浙商技术创新实践模式 / 136
四、积极构建完善的创新体制，加快科技成果的转化效率 / 137
第二节　主要创新点和局限 / 137
一、研究创新点 / 137
二、研究局限性 / 138

参考文献 …………………………………………………………………… 140
后　　记 …………………………………………………………………… 151

第一章

绪　论

随着人类生产实践的发展和社会的进步，相应的科学技术也取得了长足发展，并推动人类社会形态和结构的变化和发展，人类社会也逐步从农业社会到工业社会，再逐步迈向知识经济社会。知识已成为推动社会发展的核心变革力量，以知识为基础的各种科学技术被广泛应用于生产实践和社会生活，并作为重要的社会生产助推力，逐步融入经济社会的各行各业，不断创造新的经济增长点并发挥着日益重要的作用。科技进步和知识传承已经成为经济社会发展的基本驱动力和人类社会物质资源的重要源泉。世界各国都将科技创新作为国家的重要发展战略，并围绕具体发展目标积极开展相关的创新实践活动，逐步推动并构建完善的国家创新体系。而在技术创新发展实践中，以科技为基础的创新经济发展模式也成为目前社会经济发展的重要模式之一。企业作为社会科技创新的主体，其技术创新能力对国家创新体系的构建必不可少。因此，提升企业的科技创新能力对国家经济发展和综合国力的提高尤为重要。世界各国都更加注重推动本国企业的技术创新，在加强人才队伍建设、企业研发体系建设、研发资金投入等方面都给予了一定的政策支持。然而，企业的技术创新是一项充满高投入、高风险的系统性工程，具体的创新过程非常复杂，涉及企业的内外部环境整合和资源的优化配置。由于企业信息和政府信息存在一定的不对称性：一方面，企业相对于政府是信息的劣势方，其对企业所处的行业外部创新环境变迁和整体市场变化情况感知较慢；另一方面，政府虽然易获得行业的整体信息，但对不同企业的创新实践信息的获取同样存在滞后性。为此，有效地开展企业技术创新，必须了解企业技术创新的基本规律，掌握科学有效的开展企业技术创新的系统方法。针对企业存在的具体技术难题或者面临的各种市场困境，有针对性地开展企业技术创新实践活动，并围绕相关活动进行有效管理从而解决具体的市场难题。

当前，在国内各种类型的工商业企业中，位于中国东南沿海的浙江商人所建立的企业种类和数量最多，整体效益最佳，其取得的市场成就尤其引人注目。浙商群体也成为当今中国最具活力的商人代表群体，并成为浙江乃至整个中国经济发展的重要力量。根据《浙江统计年鉴》数据显示：2017年，浙江省内通过浙商群体所创造的经济总量达到3.37万亿元，在各省市区GDP排名中跻身前十。作为中国企业家的典型代表，浙商群体在面临国内外严峻的经济形势和政治形势时，一方面，通过围绕企业发展开展行之有效的技术创新活动，进一步提升了产品的科技含量和市场竞争力，推动了产品更新换代和产业的技术升级；另一方面，通过企业技术创新活动提升了企业的核心竞争力，并通过对企业内外部资源的市场化配置和科学管理有效地提高了企业利润，对中国经济的腾飞起到巨大的推动作用。自2005年以后，浙商群体逐步构建了以先进制造业和现代服务业为特色的"双轮驱动"、融合发展的现代化经济体系。随着中国经济由高速增长转变为长期中高速增长模式，经济进入了"新常态"，经济增长模式和增长类型都将发生巨大变革。据浙江统计局数据显示：2017年，浙江省以新产业、新业态、新模式为主要内容的"三新"经济增加值达到1.25万亿元，对经济增长贡献率达到37.1%。2018年上半年，浙江省数字经济实现核心产业增加值2348亿元，同比增长了16.4%，占GDP比重达9.1%。可见，在经济新常态大背景下，传统的资源消耗型经济增长方式正逐步被环境友好型经济增长方式所替代，以投资拉动的经济行为可能导致国内经济面临很大的下行压力，客观上对企业发展带来了一定的负面影响。然而，浙商群体通过技术创新、管理创新等活动加快了企业的市场转型和发展，并推动浙江民营经济呈现"总量不断增长、质量不断提升、社会经济贡献率不断提高"的良好发展态势。

"十三五"时期是中国加快推进企业现代化的重要战略机遇期。这一时期，中国的社会经济发展存在诸多有利条件：如市场化程度和资源配置效率提高，政府在深入推进"大众创业、万众创新"措施的同时面临不少严峻挑战。特别是当前中国正处于经济结构优化重组、转变发展方式的关键时期，供给侧结构性改革在不断释放红利的同时，对各类资源的配置方式、技术优化升级提出了更高的要求。浙江经济的腾飞离不开民营经济的发展。但长期以来，浙江经济更多依靠人口红利因素，在产业领域多以劳动密集型产业为主，相关产业主要集中在包括纺织、通用机械、塑料制品、电气机械及器材、工业生产设备等传统制造加工领域。据不完全统计，2018年，这五大行业的民营企业数量约占浙江全部民营工业企业总数的45%左右。从民营企业参与世界经济价值链体系来看，浙江民营企业总体停留在国际市场分工的低端层面，产业层次停留在相对低端的技术领域，产品的竞争优势主要通过低廉的市场价格予以体现，整体处于价值链的低端。随着国际分工加快和国内经济转型等严峻内外部形势发展，浙商企业的科技创新步伐加快，特别是利用高新技术改造传统产业的力度提高，进入技术密集型和资金密集型产业领域的浙商企业明显增多。随着近年来"大数据""云计算""物联网""人工智能"等新兴技术的广泛应用以及相应的高新技术产业的发展，浙商企业也在加快产业转型，逐步以高新技术推动数字经济的发展，通过创新驱动提升产品的市场竞争力。浙商企业在创造令人瞩目的经济成就时，其背后是企业通过有效的技术创新提升产品质量和技术含量，通过创新的企业管理过程优化资源的配置，在企业市场实践中形成的一系列科学理论和经验值得学习。为此，本章从浙商产生的地缘背景和历史背景出发，分析浙商企业的创新思想的来源和"浙商精神"对中国经济发展的推动作用。

第一节 浙商的发展历程沿革

2006年，国家主席习近平同志在任浙江省委书记时曾说过："一部浙江改革开放的发展史，很大程度上是一部浙商敢为人先、勇立潮头的创业史。"浙商群体的形成与浙江独特的地域文化、浙江浓郁的经商环境密切相关。浙商群体所处的浙江省物质资源比较有限，耕地面积较少而山地较多，人口数量较大，外部环境非常困难，但是凭着其骨子里的"敢为天下先，勇争天下强"的务实精神，使浙商群体得以生存并通过不断的实践使得浙商企业蓬勃发展，做大做强。逐渐形成了一支全国人数最多、实力最强、分布最广、影响最大的经营者群体——企业家队伍。据不完全统计，截至2017年，来自浙江省内、省外和海外的浙商总数已经达到1000万人，庞大的浙商数量占到浙江人口总数的20%之多，并成为推动浙江经济乃至中国经济发展的重要推动力。浙商已成为一个具备家国情怀的先进企业家群体。

相比其他商业群体，浙商群体具有很多显著性特征（见图1-1）：其一，浙商群体不但数量众多，而且具备较高的组织化程度，以浙商群体所构建的浙江商会组织架构、层级较为完善，相比其他商帮不多见。如以"温州商会"为代表的浙商民间组织已经成为搭建浙商信息共享、资本互助、融资服务为一体的坚实组织平台，通过浙江商会的各类帮扶活动，进一步团结浙商群体，推动了浙商企业在全国各地的快速发展。其二，浙商群体具备强烈的社会责任意识和历史使命感，具有较高的社会理想和自我奋斗的价值追求。浙商群体在取得成功以后，往往通过捐资助学、慈善捐助等方式回馈社会，帮助社会底层较为困难的群体，从而得到社会对企业的广泛认同感。其三，浙商群体在企业发展过程中不断强调"义利并重""厚德载物"等中国传统文化价值理念，这成为维系和发展浙商群体的重要文化和价值基础。从浙商的发展历程来看，浙商蓬勃发展的背后既有一定的地缘环境因素，也有特定的社会历史变迁因素。对浙商历史沿革的分析有利于深刻理解浙商的创新实践过程，凝练出浙商的群体性和社会性特征。

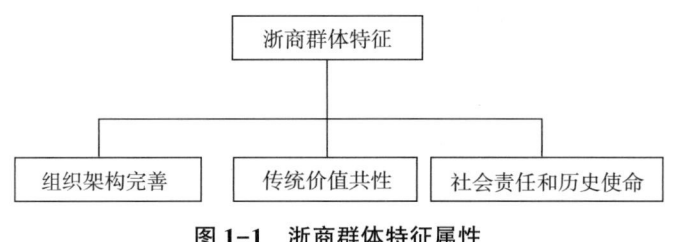

图1-1　浙商群体特征属性

一、浙商的地缘环境造就浙商创新精神

浙商的发展历程既具有悠久的历史渊源也具备地缘背景。从历史发展过程来看，浙江具有悠久的社会历史和文化基础，是中国社会早期文明的重要发源地之一。根据浙江考古实证资料显示：在10万年以前，在浙江西部山区就已经出现了"建德人"，他们成为浙江文明发展的始祖。而浙江的史前文明最早则可以追溯到旧石器时代中晚期。根据新石器时代顺序，浙江先民先后在浙江地域建立了优秀的早期文明，先后经历了包括上山文化、跨湖桥文化、河姆渡文化、马家浜文化、崧泽文化和良渚文化等一系列优秀文化历程。其具体时间如表1-1所示。

表 1-1 新石器文化发展历程

浙江早期文化发展阶段	名称	特征或属性
公元前 6000~前 5000 年	上山文化	陶器和石磨盘等石器
公元前 6000~前 5000 年	跨湖桥文化	慢轮制陶、海水制盐
公元前 5000~前 3300 年	河姆渡文化	黑陶和骨器制作
公元前 5000~前 4000 年	马家浜文化	红陶和玉器制作
公元前 4000~前 3300 年	崧泽文化	陶器、玉器、骨器
公元前 4300~前 2000 年	良渚文化	黑陶和玉器制作

浙江虽然位于长江中下游平原，空气湿润并且气候宜人，但所处的地理位置十分特殊，丘陵和高山较多，耕地面积较少，人均耕地面积较少。为此，这些新石器文化与中原的农耕文化截然不同，更多地偏向桑蚕业、手工业等，尤其是公元前 5300~前 4000 年前，浙江地域出现的良渚文化成为新石器文化的巅峰。其代表性遗器包括黑陶制品、玉礼器制品更成为新石器时代手工业发展的典型代表。新石器文化的传承促进了手工业的发展，成为浙江重商的萌芽和起源，这一重商的文化思想基础延续数千年，甚至影响了唐宋时期资本主义工商业在浙江境内的进一步发展，也将"重商"基因植根于浙江人的内在基因，对浙商的群体性"人格"和"品性"的养成奠定了最基础的文化引领和导向作用。

浙江省濒临中国东海，海域面积广阔而海岸线较长，由于这一特殊的地缘环境，使得浙江省具备优越的海域资源，包括渔业资源，海洋养殖业等都较为发达。省内具有良好的水运条件包括钱塘江、京杭大运河等，有利于各种物质资源的长距离运输和配置。相比中国传统的封闭型经济，浙江经济具有独立的经济品格，并非完全封闭型经济。相反，浙江商人很早就通过开辟沿海航运路线与日本、韩国等周边国家进行自由贸易往来，通过商业活动打破中国固有的封闭性农业经济模式。早在隋唐时期，浙江就有商人从宁波和温州出发，远赴日本和高丽进行茶叶、丝绸、瓷器等商贸活动。进入宋朝，由于推行重商政策再加上南宋较为开放的对外贸易环境，浙江商人的商贸活动更为频繁，政府分别在杭州、宁波、温州等地区设立专门的商贸口岸，便于瓷器、茶叶等商品的商贸交易，浙江地域的商业活动进入了相对繁盛时期。即便到闭关锁国的明、清时期，宁波、温州港口的走私贸易依然较为活跃，客观上也促进了浙江商业经济的发展。为此，浙商群体的商业行为发展历程和具体作用如表1-2所示。

表1-2 浙商商业行为的发展历程和具体作用

时间	浙商行为	作用
新石器时期（公元前5300~前4000年）	黑陶和玉礼器进行商业交换	浙江重商的萌芽
秦汉时期	商业自由贸易	打破农业经济模式
隋唐时期	远赴日本和高丽开展茶叶、丝绸、瓷器等商贸活动	拉开海外商业活动序幕
宋朝	建立多个商贸口岸，开展各种类型的产品商贸交易	促进资本主义萌芽的发展
明清时期	开展走私贸易	一定程度促进浙江经济

（一）地缘环境的特殊性

从浙江的地缘环境来看，浙江商人赖以生存和居住的浙江地域具有比较特殊的地理环境，浙江的陆地结构属于典型的"七山二水一分田"结构。全省总面积约为10.55万平方公里。其中，山地和丘陵占总面积的70.4%，河流和湖泊占总面积的6.4%，平原和盆地占总面积的23.2%。浙江省总人口超过5700万人，多聚集在平原和盆地区域，是我国人口密度最大的省份之一。从陆地结构来看，浙江省西南部多为山地，中部多为丘陵，平原和耕地面积较少，山地崎岖地形复杂，人口数量较多导致人均耕地面积较少，单纯的种植农业难以维持人民的基本生存问题。而迫于生计，浙江人民的生产和生活方式必然呈现多元化趋势，人们往往通过经营各类手工业、工商业和服务业谋生。

从地理位置来看，浙江位于亚热带季风区，四季温差较小，空气相对比较湿润，森林覆盖率较高，湿润的环境适合包括桑蚕、茶叶、棉花等特色农作物的发展，这为浙江的棉纺织业等的发展奠定物质基础。而浙江省内宁波、台州、温州等城市靠近东海，具备丰富的渔业资源，在一定程度上为对外商品的经营和流通提供了较为充足的各种货源。正如乾道《四明志》对浙江地域特征的记录"地薄，无积聚，不能无贾游"。一方面，浙江拥有的各种丰富物产资源为浙江经济的腾飞奠定了必要的物质基础，而围绕丰富的物产资源所构建的工商业也迅速发展起来；另一方面，浙江沿海地区如宁波、温州等具备优质的天然港口资源，这为海上陆地贸易活动提供了便捷的运输条件。此外，浙江境内存在众多的湖泊和河流，水利资源丰富，便利的陆路水运条件为商品运输和销售提供了便捷的交通条件。其中，从杭州到北京的京杭大运河一直都是中国南北经济连接的重要水利枢纽，发达的漕运系统四通八达成为浙江工商业繁荣发展的重要地缘基础。

（二）地缘文化的积淀作用

浙江位于中国的长江下游平原，丘陵和山地较多，耕地面积不足，人口数量较多，海运和河运等航运资源相对比较发达，很早就开始和周边国家和地区开展贸易往来。独特的地理环境和文化积淀形成了浙江"重商抑农"倾向的地域性文化价值观，重视工业品的生产和销售，特别是陶瓷业、冶铸业、纺织业等手工业在浙江具备悠久的发展历史，这些手工业的兴起便于浙江开展市镇商品贸易。特别是随着南宋迁都临安（现在的杭州），北方人口大量南迁，导致城市内市场分工更加明确，社会阶层分化速度加快，不同的社会阶层群体对不同的商品类型和不同层次商品的需求增多，客观上需要从业者不断加快手工业品的革新，可以说，历史的客观条件使得浙江具备了天然创新土壤。随着浙江手工业的创新和发展，进一步带动了工商业活动的繁荣。进入元代，浙江湖州的养蚕业和印染业开始了专业分工，围绕提高印染水平和丝绸工艺等开展了持续的技术变革，这一过程所体现的典型企业技术创新特征明显。到了明清时期，经营纺织业的商户数量继续增加，客观上促进了资本主义轻工业的发展。民国时期大量印刷、皮革等近代资本主义企业也大量涌现，通过一系列技术创新，研发出一系列适合人民群众的各类产品，并成为中国经济发展的重要支柱。可见，特定的地缘文化和历史背景造就了浙商独有的创新意识和创新精神，并成为新时期浙商创新精神的宝贵源泉。

二、浙商历史沿革承载浙江商业文化烙印

浙商是自中国改革开放以来形成的具有浙江籍的全部商人群体和企业群落的统称。浙商群体具有典型的分布广、影响力大等特点，是中国国内最大的民营经营者群体。从浙商的历史发展进程来看，浙商与粤商、徽商、

晋商在历史上称为"四大商帮"。早在2400年前的战国时期,浙商群体就已经行至四方、天下为市,并成为社会发展和变革的重要经济、政治力量。19世纪初,随着中国资本主义工商业在沿海城市的发展,浙商也开始通过各种具体商业实践活动推动经济的发展,并成为中国工商业进程的强大商帮。经历了数千年的经商实践,浙商已经形成了相对完善的工商业组织体系和稳定的商业活动范畴,并围绕相关工商业活动衍生出与之密切相关的一系列商业思想、文化情感、价值信念、行为方式和道德规范等,创造出基于商业实践的特有商帮文化的观念体系和社会价值体系。

(一)浙商的历史发展轨迹

"浙商"一词最早出现在《建德志》中的相关记载"绍兴元年辛亥(1131年),二浙商贾转贩入京诸州,收息数倍"。此处,"二浙"泛指当时的浙东和浙西两路,包括浙江省地区以及江苏南部。事实上,浙商群体的形成具有丰富的历史渊源,在不同时期的内涵和范畴都有所不同:从春秋时期经商鼻祖范蠡到南宋永嘉的事功学派,为浙江人留下了崇尚功利、主张务实的经商传统;越王勾践二十年卧薪尝胆并涅槃重生,给浙江人的血液里注入了披荆斩棘、永不言弃的精神。唐朝以后,江浙一带地区逐步涌现了资本主义工商业萌芽,特别是到了宋朝时期,浙江商人的经商行为已经逐步成为浙江区域经济发展的重要推动力。而明清时期,由于政府的闭关锁国政策,浙商通常指的是专门经销浙盐的商人,往往从事有关的贩卖盐的生意(见表1-3)。

表1-3 浙商发展具体历史变迁

浙商发展历史阶段	代表人物	代表事件或特征
春秋战国时期	范蠡等	务实的经商传统
唐朝	盐商	资本主义萌芽
宋朝	盐商、瓷器商	形成资本主义
明清时期	盐商	贩卖盐牟利
清朝末年和民国初年	荣氏集团、镇海方氏集团	工商企业建立和发展

资料来源:作者绘制。

清朝末年和民国初年,洋务运动加快了资本主义工商业的发展,浙江商人也逐步成为中国民族工商业的中坚力量之一，尤其是建设了包括机械制造和日用品生产企业在内的大量新型工商企业，并围绕产品生产进行了一系列生产技术的创新变革，民族资本主义工商业取得了巨大的成就，极大地推动了近代中国资本主义工商业的蓬勃发展。浙江籍商人真正登上历史舞台，创办了包括荣家企业集团、虞洽倾企业集团和镇海方氏企业集团等一批代表性商业机构。民国时期，以浙商群体为核心的浙江财阀甚至构成了国民政府的重要经济支柱。一些资本家还建立了财力雄厚的民营商业银行以支持浙江本土企业的融资和发展。

（二）浙商的现代文化烙印

随着中国改革开放的发展，以民营经济为代表的浙江省，不断加快工商业的改革和发展，各类工商企业数目都居于各省前列。其创造的"浙江模式""浙江经验""浙江现象"等日益受到媒体的瞩目，其特点在于通过推动大量的民营企业发展，促进工商业的蓬勃发展，加快浙江经济的可持续发展。究其原因在于改革开放以后，浙江商人在国内外商界异常活跃，通过长期以来的"求生存""求发展"的生活实践磨砺，浙江商人不断挖掘自身潜力，纷纷走出浙江，外出谋生，秉持着"白天当老板，晚上睡地板"的精神和艰苦奋斗的态度，创办了一批又一批的工商企业。为各地的经济发展尤其是欠发达地区的经济注入了新的活力。特别是近十年，一方面浙商企业立足于浙江本省，在省内加快企业的创新和改革力度，不断推动企业做大做强；另一方面，浙商企业纷纷在浙江省外"开枝散叶"，涌现了大量温州服装城、义乌小商品市场、浙江建材城等以浙商投资和浙货经营为主的商品专业市场。与此同时，浙商还在海外包括巴西、南非、韩国等建立了大量的中国商品城，并从事相关浙江制造产品的销售和贸易，通过不懈努力扩大了国际市场。可以说，海内外浙商的创业历程打上了改革开放的烙印，通过经商实践打上了现代文化烙印。相比与其他商人群体，浙商群体呈现的总特点包括："共赢""务实"和"创新"（见图1-2）。其中，共赢和务实体现了浙商群体商人的共性，即通过浙江籍商人同其他商人的合作共同赢得国内外市场，通过勤奋踏实的商业活动为企业产品赢得利润。而创新则体现了浙商企业面对外部环境积极求变，谋求发展、拼搏进取的共性。

总之，浙商群体的历史沿革以及所承载的浙商群体文化共性是浙江历

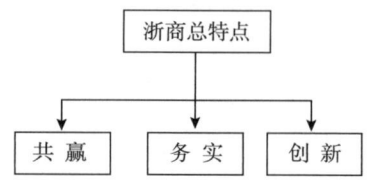

图1-2 浙商群体总特征

史上浙商的开拓创新的商业精神凝聚和诚信务实的商业文化传承,既包含中国传统文化中的勤劳、善良、诚信、吃苦耐劳等,也富含浙江浓郁的地域性创新文化气息。可以说,浙商的创新文化是浙商发展壮大的一条生命线。没有创新的这个魂,浙商群体就难以在改革开放之后再次崛起,并成为中国最大的社会财富创造群体之一。而浙商所创建的企业正是在继承和创新传统浙商文化过程中逐步成长壮大,通过一系列技术创新和管理创新推动了企业的发展。

三、现代浙商及其对创新变革对中国经济的影响

改革开放以后,中国传统的商业文化价值理念再度被开放的市场环境所激发,随着浙江境内各种商业实践活动的广泛开展,浙商的再度崛起和发展也经历了一系列的历史变革。1978年,义乌小商品市场正式成立,全国各地乃至全世界都开始出现义乌生产的大量精美小商品。2000年以后,义乌商人将"小商品"这一商品细分市场概念逐步扩大,远销海内外并逐渐成为中国制造的典型代表。1994年,"万向钱潮"成为首家在国内上市的乡镇企业,这使浙商企业逐步走向资本市场。截至2017年末,浙江省内A股上市公司达到415家。自1998年,浙江民营企业在中国民企500强上榜总数成为第一以来,已经连续卫冕超过20年,这表明浙商群体对中国经济的贡献在各商界群体中显得尤为重要。尤其是近20年以来,阿里巴巴、网盛科技、浙大中控等泛IT类新生代企业通过创新,围绕数字经济发展与之有关的互联网产业,开始引领中国经济和时代潮流。可以说,浙商企业的成长和发展就是中国改革开放的缩影,集中代表了中国改革开放的历史进程。其发展变革历史直接影响了中国经济的发展走向。

（一）浙商代表性企业家对中国经济的影响

一大批富有代表性的浙江企业家通过对企业的改革创新实践影响着中国经济改革开放的进程。其中，传化集团董事长徐冠巨当选浙江省政协副主席、省工商联会长，开创了中国私营企业家出任省级领导的先例；中国乡镇企业协会会长、万向集团创始人鲁冠球，成为国内第一位领衔全国性行业协会"一把手"的企业一线负责人；在美国《财富》杂志的首次投票评选中，此前没有全国性知名度的华立集团董事长汪力成荣登"2001中国商人"榜首。而总共8人中，浙商就有2人；资深企业家冯根生，是1988年第一届中国优秀企业家20位得主中，仍然活跃在生产经营第一线仅有的2人之一，并且越活越青春；阿里巴巴集团创办人马云，获选2000年《福布斯》杂志封面人物，成为50年来中国企业家获此殊荣的第一人。在改革开放40周年之际，全国工商联推荐宣传改革开放的40名杰出民营企业家，包括富通集团董事局主席王建沂、华为技术公司任正非、杭州娃哈哈集团宗庆后、正泰集团董事长南存辉、传化集团董事长徐冠巨、万向集团鲁冠球、均瑶集团王均金、阿里巴巴集团马云。这10名代表性浙商同时入围"改革开放百名杰出民营企业家"行列，成为浙商群体的杰出代表。此外，新一代的浙商企业家群体包括陈宗年、姚力军、孙彦龙等青年翘楚也在经济领域中异军突起，通过各类创新活动将原有浙商企业进一步发展壮大。

这些浙商企业家代表基于市场导向，在创新动力和企业自身禀赋的双重影响下，通过探索、识别企业创新机会并整合企业内外部创新资源，最终实现了技术创新和价值创造。例如，在泛IT行业，以阿里巴巴董事长马云、IT巨子陈天桥为代表的浙商群体通过技术创新，围绕商品的在线销售，构建了庞大的网络生态体系，最终推动了电子商务产业的蓬勃发展。此外，包括义乌小商品城、绍兴轻纺城等传统专业市场在新时期也通过创新环节加快了产品的更新速度，提升了产品的市场价值，从而迎来了市场的革命性变革。

（二）未来浙商企业的创新发展布局

近年来，浙江省继续坚持以"八八战略"为总纲，积极倡导中央提出的五大发展理念，发展新经济，培育新动能，实践新模式。在产业结构上，大力整治"低、小、散"，提出了打造信息、环保、健康、旅游、时尚、金融、高端装备制造、文化八大万亿元朝阳产业，加快形成以高端制造业和现代服务业为主体的产业结构。其中，又发展以互联网为核心的信息经济和数字经济为重中之重，以互联网增值服务、物联网、云计算、大数据等为代表的新经济业态已经渗透到了经济社会的各个领域，即通过数字经济推动其他生产制造业的发展。百万奋斗在各行各业的浙商群体一同把浙江省的"八八战略"强调的创新为要、生态优先等发展理念向全国传播。例如，自 2015 年以来，许多浙商企业已经开始加快新能源布局，杉杉服饰开始参股尤里卡太阳能公司，准备抢占新能源市场份额；"正泰"汽车加快电动车开发步伐，在投资了风能产业后，又先后完成太阳能电池工厂建设和二代薄膜太阳能电池量产。杭州元通实业投资公司也开始在山东省投资生产甲醇燃油、甲醇柴油等产品，加快可再生能源的研发。可以看出，浙江正在大力发展资源节约型、生态环保型为特征的绿色循环型产业（见表 1-4）。

表 1-4　代表性浙商的创新发展布局

浙商代表企业	创新领域	代表性举措
杉杉服饰	新能源市场	参股尤里卡太阳能公司
正泰汽车	风能产业和电池产业	新型太阳能电池量产
杭州元通实业投资	再生能源研发	甲醇燃油和甲醇柴油产品等生物能源

浙商集团通过对现有企业制度进行制度创新，不断加快最新的科学技术在现代商品生产的广泛运用，有效提升了各类生产资源的利用效率和相关产业结构的市场调节力度，最终为浙商企业的生存和快速发展创立了新的机遇。在浙商企业变革创新过程中，浙商始终将产品的技术创新作为企业创业求生存，改革求发展的重要依托。通过具体创新实践加快引入信息技术、新材料技术等提升企业的核心竞争力，不断提高产品的技术含量和附加值，从而在激烈的市场中赢得竞争优势。当下，浙商正积极地开拓全球化视野，不断地加快各种生产要素资源的配置效率，大胆创造新科技、新模式、新业态、新商业规则，用愿景驱动价值创造，成为"全球化时代中国经济的代表"。

经济新常态下，浙江经济的发展和转型升级需要提高浙江企业的核心竞争力。企业作为市场主体，无论是引入新产品、提供新标准、实行新管理、采用新技术、开辟新市场，都需要具备创新实干的企业家精神。在现阶段，浙商正依靠制度创新和技术创新获得企业"相对比较优势"和核心竞争力，通过加快创新人才队伍建设、催生领先科技、打造创新平台，最终形成企业可持续发展的动力，围绕固有产业结构，加快转型升级。从长远来看，实现浙商群体的经济增长，需要实现从竞争驱动型向价值创新型的转变。浙商企业不仅应当在自己所熟悉的本行业内参与激烈的市场竞争，而且更要以价值共创、价值共享等方式跨越本行业，不断开拓新的领域。浙商群体的价值创新过程不仅是在创新过程中拥抱市场变革，而是要通过具体的创新实践活动成为市场变革中的价值共创者，通过管理创新活动产生新的商业模式以实现企业市场利润与顾客价值的双重增加。因此，本书是期望通过理论结合具体案例，分析浙商如何通过技术创新和管理创新提升企业价值，最终促进企业的利润。

第二节 研究综述

在中国全面推进深化市场经济体制改革和加快供给侧结构性改革政策实施的大背景下，浙商群体面临包括市场萎缩、竞争加剧、产品更新换代加快、消费者对产品的功能要求提高等严峻的市场形势，同时在大数据、云计算等新兴技术和产业发展过程中也面临着企业转型发展的重大机遇，即如何通过有效地利用大数据分析手段来加快数字经济的发展、如何利用云计算的便捷及数据统计加快企业的产能和市场布局，以不断提高对市场的实时分析和预测能力，以及如何利用供给侧结构性改革淘汰落后产能、提升产业发展效率等成为浙商企业在新时期的重要发展问题。这一系列因素共同造成了市场外环境的不确定性，而其核心特点在于当前浙商面临的环境因素具备复杂性、模糊性、经济发展的波动性等特征。浙商作为中国最大的民间商业群体，在新时期如何顺应全面深化改革、加快技术创新和管理创新成为浙商发展的重要趋势。因此，与浙商技术创新和管理创新的研究主要包括浙商本身的相关学术研究以及企业技术创新的有关内容，这些理论成果对于本书具有重要的理论意义和现实意义。

一、浙商的相关学术理论研究

在中国经济发展乃至世界经济整体发展格局中，浙商群体的奋斗历程、历史传承等都与浙江经济整体环境和发展形势密切相关。学术界对浙商群体商业行为取得成功的相关学术研究一直很关注，现有的研究分别从管理学、经济学、历史学等多角度阐明了浙商企业商业成功的历程和经验。如浙商作为最核心地域经济推动力的当下，推动浙江经济发展背后的深层次文化因素。浙商在促进浙江经济发展过程中，是否包含对当代浙江经济发展中存在的某些实践机制？浙商在企业技术创新过程中的精神力量对浙江经济和社会发展的影响力怎样？此外，包括浙商创新的传承过程都是对浙商全面走向世界，彰显新时期中国文化的世界意义的代表。而在学术界关于浙商精神和浙商文化中的创新文化也一直是研究的热点。

（一）浙商精神的相关研究

新时期"浙商精神"是广大浙江籍企业家在长期产品生产和技术创新过程中积累的知识、生产经验、意志品质等的积淀。改革开放之初，为了实现脱贫致富的目标，浙江人以历经千辛万苦、说尽千言万语、走遍千山万水、想尽千方百计的"四千精神"闯出一片天。可见，浙商精神集中体现了浙江商人扎根浙江、放眼世界、开拓创新的时代特征。对浙商精神的深入理解有助于浙江企业在这一精神的引领下，继续加快经济发展，加快企业在新时期的转型升级。其中，与浙商精神相关的研究如表1-5所示。

表1-5 浙商精神的相关研究

代表性研究	代表性研究	具体内容
浙商精神融入企业生产	应华根（2004年） 杨言建（2006年）	浙商精神驱动商业实践； 产品创新融入具体的生产实践
浙商精神推动企业发展壮大	高志明（2006年） 吕福新（2008年） 毛祖塘（2012年）	吃苦耐劳品质推动经济发展； 浙商创新能力源自商业实践 浙商创新意识和创新精神的作用
文化视角和历史视角分析浙商精神的传承和发展	陈立旭（2005年）（2007年） 王晓华（2010年） 林吕建和唐玉（2011年） 陈国权（2018年） 吴晓波（2018年）	浙商、晋商、徽商文化比较 浙商精神的文化积淀效应、宗亲关系作用等 历史角度阐明浙商精神与浙江文化、浙江精神的内在统一性 浙商精神的传承创新； 浙商精神的浓厚文化历史沉淀

从浙商的生产和创新实践出发,相关学术研究分析了浙商成功的重要原因之一在于将浙商精神融入企业产品生产,加快企业创新发展。其中,应华根(2004)结合具体案例,从文化学和历史学角度分析了浙商的全部发展历程,并将浙商的精神概括为"敢为天下先的精神",认为浙商的成功源自扎实的实践,并将具体商业实践转化为商业成果,最终推动社会经济的发展。杨言建(2006)则从浙商对中国经济发展作用的角度总结了浙商的成功经验,并且认为浙商的成功关键在于浙商坚持不断创新,既包括产品创新也包括理念创新,并将创新行为融入企业的生产实践。类似地,围绕具体的企业创新过程和创新行为。高志明(2006)则依据浙商的成功经验,阐明了浙商吃苦耐劳、实事求是的优秀品质,促进了中国经济的发展。而由浙江省区域经济与社会发展研究会课题组则通过对浙商的精神共性和特性予以分析,深入阐明了每个历史阶段的经济发展主旋律差异。并概括出浙商精神的共性是"勇立潮头、创业创新"。吕福新(2008)则从浙商不同创业现象维度出发,探讨了企业家创新能力来源及其生成的机制,表明浙商的创新能力实际上源于长期的商业实践行为。毛祖塘(2012)则从历史的角度阐明了浙商如何从弱小走向强大的根本原因,并将创新意识和创新精神作为其中最为重要的因素。吴思(2015)则通过具体的企业实践案例阐明了浙商的奋斗历程,强调浙商在奋斗过程中的创新战略。

也有学者从文化的视角阐明了浙商创新的文化背景因素及其对社会的影响。其中,陈立旭(2005)从文化的视角,通过不同文化群体的对比,比较了浙商、晋商、徽商文化传统的差异性以及对当前经济发展的状况的影响。随后,陈立旭(2007)进一步地以浙江区域文化传统的视域进行分析,阐明了浙商的血缘宗亲产生的社会关系网络特性,通过浙商的彼此信任,对浙商经济的组织方式和其经营业界,产生了深远的影响。王晓华(2010)从越文化的越俗、越艺、越学三大构成要素入手,把握越文化质朴骁勇的心理特征,开疆拓土的价值取向和求实创新的实践努力,分析了浙商在文化理念上对中国传统人文品格吸收突破后的原创特质,深层次揭示了基于中国传统文化和西方现代文明传承创新的越文化品格对浙商精神的影响力。林吕建和唐玉(2011)用史、论、实结合的方法从浙商精神历史文化基因、浙江精神的时代展现、当代浙商精神的现实内容以及浙商精神与浙江文化、浙江精神的内在统一性角度,从整体上揭示了浙商精神的时代特征、科学内涵和演进线索,展望了浙商精神在浙江转型升级、科学发展中的强大精神力量。支梓桐（2015）发现，浙商精神的一个要素在于浙商群体所特有的内在精神"创新的精神""敬业的精神"和"合作的精神"；另一个内在要素在于组织和扩大商业过程中分工协作的能力，即"抱团精神"。可见，浙商精神的形成有着其特定的历史、地理、社会层面的多重原因，更有其文化上的深刻内涵。陈国权（2018）认为，浙商的精神内涵不是一成不变的，而是始终在传承中创新，在审时度势中与时俱进。而当前浙商群体面临着新经济形式、新政治形态的挑战和机遇，只有在新时代中找准浙商精神的历史方位，才能引领中国经济腾飞。吴晓波（2018）则认为，浙商精神具有一定的阶段性，"好学、善学"成为浙商企业家保持社会红利的持续性。而浙江本土的浓厚的文化历史沉淀则为浙商精神的现代构建奠定了历史和文化的基础。现有研究表明，浙商精神的本质在于对浙江传统文化的继承和新时代社会主义核心价值观的创新。

浙商精神的产生和发展既有一定的社会实践背景，也有其形成的特定历史背景和影响因素。特别是在当前中国经济发展新常态背景下，从政府到企业都应当大力弘扬新时代下的浙商精神，强调浙商群体奋发有为的精神风貌，面对经济困境奋发图强，争创浙商创新创业的新优势，续写浙商发展的新辉煌。此外，浙商企业的发展更需要拥抱新时代，抢抓中国当前供给侧结构性改革机遇，加快对原有浙商企业落后的产业结构的有效整合，在面对举国大力推进"一带一路"发展措施的大好形势下，加快浙江企业在海外市场的布局，从而提高各生产要素资源的国际化配置，利用大数据、云计算、人工智能技术带来的新一轮科技革命加快产业技术升级，加快企业业转型，推动绿色产业发展并提升资源的利用效率，将现有"粗放型"经济发展模式转变为"集约型"经济模式，推动浙商企业的变革与产业变革相适应、产品发展与军民融合相适应的历史机遇，抢占企业发展先机。

（二）浙商创新和传承的相关研究

由于中国经济发展模式逐步从"资源掠夺性"转变为"资源效率性"，企业内外部环境也发生了巨大的变革，导致企业社会资源的整合模式与底层协调作用机制发生革命性变革，最终产生了新型的商业形态，包括阿里巴巴、滴滴快车、蘑菇街、饿了么等新兴电商平台在现实生活得以广泛应用，围绕电商平台也产生了一系列商业模式变革，包括层出不穷的新商业理念、新商业思维、新营销模式和新物流O2O模式等，推动并引起电子商务产业中商业价值链要素的变革,通过电商价值创造客观上推动了数字经济的快速发展。而这些商业模式创新的本质是通过企业管理创新,加快企业内部管理运营标准化过程、优化组织结构、加强决策机制和激励各种约束机制等。此外,通过企业的管理创新行为,浙商企业的对外投资并购和经营重组步伐也日益加快,战略重点也从单一的国内市场转向构建全球开放的国际市场新格局。而关于浙商创新和传承方面的研究主要包括浙商技术创新的相关理论前沿,企业技术创新传承的重要驱动要素等相关研究。

针对浙商技术创新和管理创新方面的研究中,沈惠芬(2011)结合企业风险管理、企业预警管理等理论,剖析了企业经营风险的预警指标评价体系。针对浙商群体的实际经营状况,从外部经营和内部管理两方面,分析浙商在经营活动方面存在的风险隐患并提出相应的管理创新对策建议。而寿佳蕾(2012)则立足于浙江私营经济转型升级实际,从理论和实际相结合的角度对技术创新理论进行研究和梳理,并对如何做好浙江省私营企业转型升级和技术创新提出了相应的对策和建议。

针对浙商创新的传承方面的研究中,王小龙(2014)从知识观角度出发,利用实证研究方法揭示了浙商传承驱动因素和传承效果之间的具体关系,并为浙江省家族企业的传承提供了参考意见。董珊珊(2017)则从伦理文化和经济发展的关联分析维度出发,着重挖掘了浙东学派的伦理思想。探究了浙商的实践思想,结合我国社会转型下浙商伦理的现实境遇,提出了当代浙商伦理建构的现实路径。王永昌(2018)则认为,传承浙商精神,关键是要推动浙商企业不断向前走,不断围绕产品和技术进行创新发展,形成一个浙商不断提升发展、做大做强的良好格局。可见,现有研究大多从浙商群体对创新驱动因素方面进行研究,而未将技术创新和管理创新两方面作为浙商发展的核心要素进行系统关联分析。

二、企业技术创新的相关研究

(一)技术创新与经济增长和企业发展

企业技术创新客观上推动了经济的增长和企业的快速发展。目前,围绕企业的技术创新方面的研究已经形成了比较完善的技术创新体系。其中,熊彼特(1912)最早提出了创新是构建新的生产函数的概念,并提出创新促使资源发生了产业性转移,从某些过时的产业转向成长性产业。索罗(1951)则分析了技术创新的两大条件即新思想的来源以及此后各阶段的实现和发展。在1976年,美国国家科学基金会正式提出技术创新的具体概念:"技术创新是将新的产品或改进的产品、过程和服务引入市场的过程。"可见,技术创新是典型的经济学范畴。根据熊彼特(1912)构建的创新模型,反映了技术创新的全过程实质是将生产要素进行有效的重新组合,不断创造并不断毁灭的过程。而这对企业发展提出了更高的要求。技术创新的核心是企业以营利为目标,重新组织有效的生产条件和具体的生产要素,建立起更加高性能、高效率、费用更低的生产经营行为(见图1-3)。可见,技术创新实质是提升产品性能、提高生产效率的过程,并通过一系列科技、商业和金融的行为在市场中予以体现的过程。

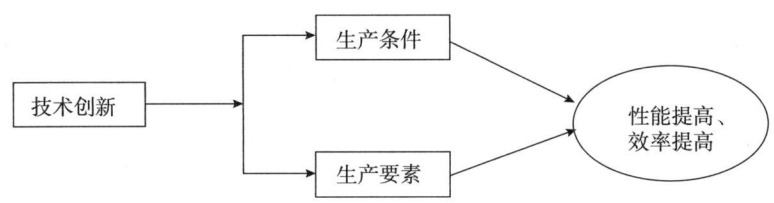

图1-3 技术创新的过程示意

罗森堡认为,创新是技术驱动的过程。这一过程具有较大的不确定性、随机性和复杂性。在否定了科学和技术创新之间存在一定的线性关系之后,罗森堡提出了"技术创新链路回路模型"。基于该模型,本书将这一模型予以适当调整以适应当前关于浙商技术创新的相关理论要求。

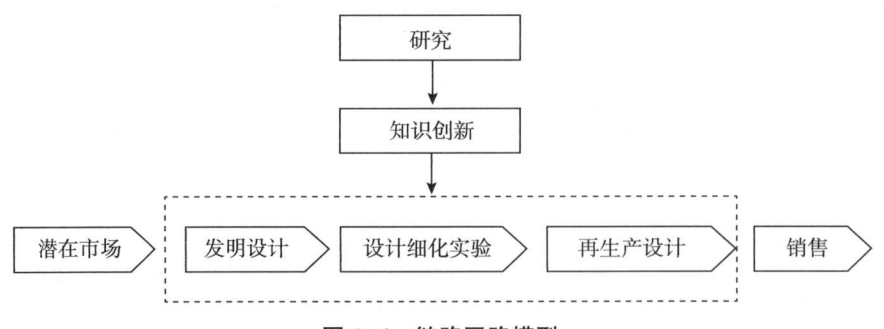

图1-4 链路回路模型

国内学者傅家骥（1998）最早阐述了技术创新的具体概念：企业家以商业利益为目标，重新组织生产条件和生产要素，从而建立起的更高效率的生产经营系统所推出的新产品、新生产方法等。傅家骥强调了技术创新的实质是包含了科技、组织、商业、法律、金融等一系列活动的综合过程。这一研究扩大了技术创新的研究范畴。随后，许庆瑞（2000）从管理学角度对技术创新做了具体阐释。他认为技术创新是包括新思想形成以及得到利用并生产出满足市场需要的产品的整个过程。这些研究都表明：技术创新并非简单的技术层面上的革新；相反地，技术创新实质是一个经济学范畴而非纯技术范畴，即企业技术创新的结果与否和市场变化情况密切相关。随后，很多学者则从技术创新应用于市场实践来阐述其作用。其中，曼斯菲尔德研究了新技术的市场推广过程，他认为某个企业首先使用某种技术后，其他企业将以这一技术为榜样，相继采用这种技术。杜因（1975）认为，技术创新也具有一定的生命周期，并通过技术创新的寿命周期来解释经济的长波运动，形成了独特的技术创新理论。技术创新经历技术创新扩散、成熟、衰落、结束四个阶段。经济学家卡曼和施瓦茨则着重研究了市场结构和技术创新的关系，并认为影响技术创新的三个变量包括：竞争程度、垄断力量和企业规模。F. M. Charter 则提出，企业规模和技术创新的关系模型。其中，销售额用 S 表示企业规模，用专利数 P 代表技术创新，a_0、a_1、a_2、a_3 则分别表示相应的创新系数，专利数量与企业规模的相关模型如式（1-1）所示：

$$P = a_0 + a_1 S + a_2 S^2 + a_3 S^3 \qquad (1-1)$$

可见，技术创新专利与企业规模呈正相关关系，企业规模较大时，专利数也相应地增长，这源于大规模的企业能有更多的资金用于技术创新投资。然而，技术创新投资是一项充满高风险的活动。企业的投资数额和市场密切相关，当市场对某一新产品需求较大时，针对新产品进行的相关技术创新投资能给企业带来巨额利润回报。反之，如果市场对某一产品的市场需求量较少时，针对新产品进行的技术创新则会给企业带来巨大的经营风险。这表明市场对企业的技术创新有一定的灵敏度。Rothwell（1995）通过实证研究分析了相关的市场行为和企业产品创新的具体关系。其结果表明，企业的技术创新应当坚持以市场为导向并且重视顾客的需求。市场需求的变化则直接影响企业创新动力的方向。因此，企业首先必须依据市场需求的主导方向决定创新行为的具体类型和范围；其次，根据市场需求结构变化积极采取应对创新策略。

（二）技术创新路径选择和技术创新体系研究

技术创新是企业生产新产品、新服务并将其进行商业性转化的过程，因此，在将产品和服务进行商业性转化过程中的路径和方式都各不相同。其中，技术创新的路径是指技术创新所经过的不同阶段，技术创新路径的选择往往和企业的规模、资金量、市场潜力、经营活动密切相关。Utterback 和 Abernathy 构建了技术创新的路径模型，并提出技术创新的轨迹三个阶段，分别为：不稳定的流动阶段、过渡阶段、专业化阶段。每一阶段技术创新的曲线都有所差异。这一模型成为研究发达国家创新路径的具体模型。相比发达国家完备的技术创新轨迹，发展中国家企业创新受限于最初的技术实力，往往从发达国家引进新技术开始，并根据生产实践予以变革，最后实现产品和技术创新。其中，根据韩国三星等企业创新发展的有关数据，Linsu Kim（1997）提出，发展中国家企业提升技术创新能力的路径一般为："引进技术—消化吸收—技术再创新"。这表明，发展中国家的技术创新的前提是技术引进或称为技术采纳。

国内学者也加强了对企业技术创新路径的研究，以寻找适合中国企业发展的技术创新路线。其中，段小华、鲁若愚（2001）在分析企业技术创新活动的路径时，通过实证研究将企业发展轨迹与企业具体特征相联系，并且发现企业技术创新并非单一路径。相反地，由于市场的多样化，企业往往采取多种创新路径。根据企业技术来源的差异性，何少峰和李培进（2006）则将技术创新路径模式分为"内源性路径"和"外源性路径"。前者路径主要依赖于企业内部，后者主要依赖于企业外部。然而，这一研究的缺陷在于并未充分考虑不同企业间技术的转移。胡荣等（2008）进一步将技术溢出，即不同企业间的技术转移作为重要的因素予以考虑，建立了国内企业和国外企业市场竞争的双寡头市场竞争理论模型。研究表明，受限于国内市场多变的环境和企业自身技术和知识的积累程度，国内技术创新的路径选择应当采取渐进式应用型技术创新，而体现技术创新的一个重要因素就是产品专利申请，为此应当加强对新产品相关专利的保护。

企业在进行技术创新时最终形成完善的技术创新体系，或称为技术创新生态系统。栾永玉（2007）在分析这一系统时发现该系统具有高度的虚拟性、创新的跨国性、合作共生的必然性等特征。然而，这一系统并非固定不变的；相反地，其具有较强的开放性和一定的模糊性，并且随着企业外部环境的变化而变动（张运生，2008）。吕玉辉（2011）则认为，企业创新生态系统是一种耗散结构，具备开放性、目的性、流动性、稳定性和平衡性等特征。这表明企业对创新资源的获得也呈开放性和动态性。企业间对创新资源的共享则会呈现互补效应和风险共担。并且这些资源相互依赖、相互作用，形成一个动态平衡系统（孙冰，2011）。

而对浙商企业而言，其技术创新过程具有普通企业在创新中所面临的共性问题，这往往与企业创新的基本模式相关；同时，也存在浙商企业在发展和实践过程中所面临的具体难题，这往往与浙商企业所采取的具体创新手段有关。谢小风（2010）等通过对浙江企业的实地调查，分析并得出浙商企业的5种自主创新路径：基于全球价值链的集群创新、外源技术高效利用的创新路径、产学研创新路径、基于资源配置全球化的跨区域合作创新路径以及基于全球利基市场的拓展式创新路径。类似地，蔡翟宇（2011）通过案例分析方法选取浙商典型案例，通过扎根理论总结民营企业典型技术创新路径，分别为"基于并购的国际化开放式创新"和"基于专业化的国际化开放式创新"。并通过二元逻辑回归方法，对企业技术创新路径选择影响因素进行分析，得出技术知识储备是技术创新路径选择的主要影响因素。近年来，企业技术创新研究更多地强调企业的产学研问题。产学研协同系统多元化及其内部结构的复杂变化引发的创新变革。其基本特征在于对系统内部的技术、人才、资金等多种资源进行有效配置。叶伟巍（2014）从产品价值连和技术生态链协同出发，探讨了有关技术扩散和创新资源配置等产学研协同创新研究。其研究结果表明，当前企业产学研协同创新路径呈现新的特征，即以产品价值链进行延伸，探究创新资源的投入对产业一体化的作用。

（三）技术创新模式相关理论

"模式"一词往往指的是具备一定标准的样式。技术创新的模式指的是企业在技术创新过程中所共有的特点和形成的标准范式。作为中国最具创新能力和创新精神的群体，浙商群体往往通过开拓奋进、吃苦耐劳、包容合作等精神进行新技术、新工艺的研发，敢于承担技术创新的相关风险，敢于面对创新失败。本书的研究对象是浙商群体，相关理论和浙商实践结果表明，浙商企业技术创新和管理创新的共性是"勇攀创新高峰、勇登管理之巅",体现了在技术研发目标具体而明确,研发过程中不断追求卓越;在管理方面强调科学化管理,不断加快现代化企业管理的创新品质。一般意义上而言,技术创新模式主要包括模仿创新,独立创新、合作创新和引进再创新四种不同类型(见图1-5)。

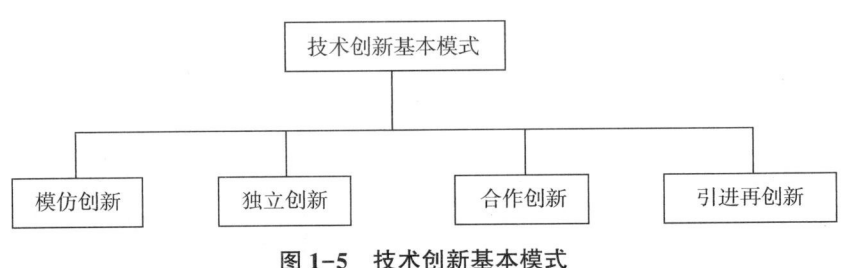

图1-5 技术创新基本模式

模仿创新是企业最常用的一种创新模式。创新主体通过学习模仿自主创新者的具体创新方法,通过引进自主创新的核心技术和技术秘密,通过对具体的产品或生产工艺等的模仿,从而加快生产出具有一定创新程度的产品。模仿创新的原因主要在于,很多企业不具备完全自主创新能力,缺乏完全自主创新团队或完全自主创新风险过高,企业投入较大,企业难以直接完成新产品的全部研发流程。但通过模仿创新能够更快地提升企业创新的效率,利用资金优势加速新产品和新工艺的开发,尽快地将企业外部资源内部化。主要包括:①简单性复制模仿,比如直接模仿国外产品的工艺特点。例如,浙商企业华东医药集团对糖尿病药物阿卡波糖的生产工艺的研发。②创造性模仿,比如,对关键设备和工艺技术实施国产化,以减少技术的壁垒效应。比如浙江万向集团通过模仿创新加强对某些高端零配件等的国产化。③改进型创新,在技术积累的基础上逐步形成自我研究开发的能力。例如,浙商代表性企业吉利集团刚开始就采用模仿创新的方式,通过引入汽车生产工艺和生产技术,并围绕具体技术生产出创新的汽车产品。最终走出适应企业发展的产品自主创新道路。

独立创新指的是企业自主研发新产品、新技术、新工艺,迅速成为市场的领先者和技术垄断者(见图1-6)。独立创新要求企业能够针对现有的工艺、技术进行独立的主导研发,该模式要求企业具备很强的技术研发能力和一定的资金投入实力。企业进行独立创新的原因在于:其一,企业具备独立创新的科研团队和较强的自主研发能力,并且独立创新能够给企业带来巨大的收益。企业愿意通过独立创新开发新产品和新技术，比如华为公司每年投入超过 700 亿元进行独立新技术开发，资金投入量占到销售额的 10%。其二，由于企业间进行市场竞争时可能存在一定的新技术壁垒，企业难以直接与掌握某种新技术的企业直接进行技术合作或技术引进。特别是针对某些核心技术，很多外资企业不愿意向中国公司进行技术转让。为此，许多中国企业即使进行模仿创新时也难以绕开专利等壁垒。其三，企业独立创新有利于企业在自主创新产品初期处于完全独占性垄断地位，有利于企业建立牢固的销售渠道，获得超额利润。但独立创新对研发能力、资金投入有着较高的要求，对技术研发的市场风险控制也有较高的要求。

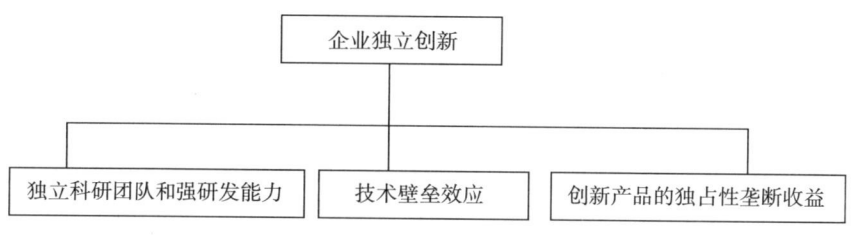

图 1-6　企业独立创新的要素

合作创新指的是企业和其他组织进行技术合作、分散技术创新风险的一种方式。由于产品复杂程度、生产技术难度以及科技含量的提升等，很多产品和生产过程融合的技术领域增多，产品的技术水平提高，采用合作创新模式，可以给企业带来很多益处。具体而言，其一，减少市场不确定风险，便于企业提高资源的利用效率，企业也可以在合作创新过程中提升自身的水平；其二，提升企业的组织灵活性和市场感知的敏锐性，增强企业应对市场变化的能力。特别是随着市场的变化，企业间的合作创新能够互相促进，弥补各自的创新能力不足，积极适应外部市场对企业创新的要求，开发出适应市场需求的产品。如浙江的华东医药集团早在 1995 年就和英国的默沙东制药进行合作，共同成立研发机构积极针对糖尿病、消化和肿瘤等领域加快新药研发以补充企业自身的研发实力，提升药物研发成功的概率。

引进再创新。即企业直接引入国外企业或其他企业的优质生产技术，并在此基础上根据企业实际情况进行产品和技术创新，将原有的生产技术进行必要的技术升级，以适应市场对产品的需求变化。如娃哈哈集团在

2016年以后进行产品线的更替，主要是通过引进再创新的方式，引入新的智能生产线进行生产。而这一模式主要是由于，首先，企业技术发展速度很快，市场的变化更快，单纯地从企业外部引入新技术后，可能难以长期适应市场变化，特别是很多时候企业引入国外的技术时可能面临外部封锁所需要的周期较长，导致这项技术并未大规模使用就有可能遭到市场淘汰。因此，企业需要针对具体的市场需求和消费者目标的特征，不断对产品性能和工艺生产流程等进行相应的技术创新。其次，很多外资企业在产品技术转让时可能并未转让最新的科技技术。相反地，为了规避市场风险，只转让部分淘汰或趋于淘汰的技术。当企业引进这些技术后，势必要对产品技术进行一定的创新以适应时代的发展。

总之，浙商企业在技术创新和管理创新过程中面临着市场转型升级的大环境，企业需要寻求有效的技术创新路径，构建完善的技术创新体系，特别是在面临新常态形势下，需要构建完善的创新体制和管理体制，依赖浙商的"四千精神""两板精神"等精神力量的鼓舞，不断加快企业技术创新的步伐，一方面，通过资源配置方式的变化推动产品的转型升级，不断适应市场的需求和变化；另一方面，通过创新要素的变革积极推动企业创新模式的变化，提升产品的技术含量，提高企业的管理水平以适应外部市场环境的变化，积极寻找适合企业发展的创新类型。

第三节　浙商技术创新典型企业：阿里巴巴集团

阿里巴巴是全球企业间电子商务的著名品牌，也是全球国际贸易领域内最大、最活跃的网上交易市场和商人社区之一。目前该企业主要覆盖五大主营业务，包括B2B、C2C、搜索引擎、第三方支付和企业软件的智能计算。根据2016年财务报表显示，阿里巴巴电商交易额（GMV）突破3万亿元人民币，成为全球最大网上经济体，而这一虚拟经济体的背后是网络基础架构群构筑的坚强基石。2016年双11全球购物狂欢节中，天猫全天交易额为1207亿元，前30分钟每秒交易峰值达17.5万笔，每秒支付峰值达12万笔。承载这些秒级数据背后的监控产品是如何实现的呢？接下来本书将从阿里监控体系、监控产品、监控技术架构及实现分别进行详细讲述。

一、阿里巴巴的技术创新实践

阿里巴巴已经构建了覆盖全球 49 个国家与地区的 IT 基础设施,为阿里全球电商生态体系打下了坚实的基础。其构建的达摩院不断推进人工智能创新,帮助阿里集团实现对几十种语言的机器翻译,使一百万中小企业可以在没有语言障碍的情况下进行全球贸易。在新零售领域,阿里巴巴作了很多技术探索。在室内高清地图及室内 3D 重建技术的支持下,盒马生鲜已经能将整个线下实体店完整的搬到线上,这套技术还将在酒店、房地产等行业得到广泛应用。在进行网络体系构建中,阿里已经通过技术创新构建了全世界最好的交易性数据库。"双 11"期间网络平台每秒要处理超过 32 万笔的交易量,阿里巴巴在此基础上发展了一套非常成熟的知识图谱技术,不仅做大数据计算分析,而且进一步提供专门工具,让知识图谱可以自学习,形成新的发现,这是全球没有第二个地方能够做到的。在 IoT 领域,阿里巴巴也展示了一组亮眼的数据。仅用一年的时间,天猫精灵就实现累计销量 500 万台,创下智能音箱销量中国第一、全球第三的成绩。语音也成为智慧家庭的主要交互入口,目前阿里的语音交互技术已经能支持 5000 万台家庭智能设备。

阿里巴巴已经形成了一个通过自有电商平台沉积以及新浪 UC、高德地图、企业微博等端口导流,围绕电商核心业务及支撑电商体系的金融业务,以及配套的本地生活服务、健康医疗等,囊括游戏、视频、音乐等泛娱乐业务和智能终端业务的完整商业生态圈。这一商业生态圈的核心是数据及流量共享,基础是营销服务及云服务,有效数据的整合抓手是支付宝。通过一系列的技术创新活动,阿里巴巴已经成为电商行业最具影响力企业之一。未来,阿里巴巴将继续通过在大数据、云计算、人工智能等领域的技术创新实践推动企业的发展。

二、阿里巴巴管理创新实践

正确的战略是成功的一半,任何一个成功的企业都需要适合于自身发展的战略愿景与战略定位。良好的战略愿景为企业制定正确的企业战略,业务战略和战略保障体系提供指导方向。阿里巴巴以 B2B 业务为切入点,通过横向纵向一体化战略的结合，使其构筑了 B2B、C2C、软件服务、在线支付、搜索引擎、网络广告六大业务领域电子商务生态圈，全面覆盖中小企业电子商务化的各大环节。整个商业生态圈的六大环节之间相互作用、相互影响、相互支撑，通过资源整合应用发挥最大价值，实现了产业链的协同。基于此原理，其他企业也在采取类似手段，实现其产业链延伸和系统。马云是全球电子商务 B2B 模式的创建者，这为全球中小企业发展奠定了历史性的基础，如果没有阿里巴巴，B2B 在全球范围内就不会创造如此大的价值。管理战略创新同样改变了淘宝的命运，全球老大 EBAY 挥斥中国市场，刚刚建立的淘宝在两年内，把整合市场做大了上百倍，从对手中拿走了 80% 的市场份额。阿里巴巴自从建立以来，就没有简单复制美国的 B2B 模式，而是结合中国的市场实际走了一条创新之路，为中国制造商和国外的采购商搭建一个信息平台，为中小企业服务，帮中小企业赚钱。从基础的替企业加设站点，到网站推广以及对在线贸易资信的辅助服务，交易本身的订单管理，不断进行开拓和延伸。正是阿里巴巴立足于中国中小企业服务的差异化的发展策略，开拓出了为中小企业服务的差异化的产品，为企业的发展提供源源不断的动力。

（1）管理体制创新方式。在管理创新实践中，构建了有效的融资控制管理体系。对只持有少数股权的马云及其团队来说，夺回多数投票权还不足以形成对阿里巴巴的有效控制。实际上，从 2010 年，即马云等面对控制权摇摆的节点，马云及其团队就开始了另一种公司治理的试验：阿里巴巴合伙人。2014 年 6 月 16 日，阿里巴巴在其更新的招股书中公布了 27 位阿里巴巴合伙人（又称为"湖畔合伙人"）名单，作为其掌握了投票权之后的保障，合伙人制度成为马云及其团队"控制"阿里巴巴的第二道保险。

与很多明星科技公司相同的是，从公司长远利益来看，其创始人和主要管理团队都有掌握控制权的必要性和迫切性；不同的是，由于早期引入资本来交换的条件不同，Google、Facebook、百度、京东等通过 AB 股方式，让创始人团队通过股权，一举解决了投票权、决策权等问题，但对于目前也只能占到 8.8% 股份的马云来说，用 AB 股方式显然不能解决问题。马云和他的团队使用的是阿里巴巴创立的合伙人制度。阿里巴巴构建的合伙人制度的区别于其他企业在于，保障在合伙人利益之外，这更是一个进行企业决策和公司运营的机制。根据阿里招股书的信息，阿里巴巴合伙人实际上超越了董事会，成为阿里巴巴实际的"控制者"。招股书中信息显示，阿里巴巴合伙人有权提名董事会席位中的多数（目前为 4 位，将来有权力增加 2 位董事会成员的提名），软银提名的董事会成员要经过合伙人同意，而雅虎目前仍居阿里董事会的 JacquelineD. Re-ses，将在上市之后退出。如果阿里提名的董事会成员被否，那么新提名人仍将由阿里巴巴合伙人提名。也就是说，通过合伙人制度，阿里巴巴形成了"合伙人决定董事会、董事会决定公司"的决策过程。在招股书中，阿里巴巴合伙人制度被描述为运营、决策、文化结合的一个核心管理团队，合伙人制度的出现是为了保证"合伙人精神、确保公司的使命、愿景和价值观的持续发展""不同于双重股权结构中用高投票权的股份来集中公司控制权在几位创始人手中，阿里的治理结构，旨在体现一大群合伙管理人的愿景"。此外，阿里巴巴董事会主席马云也于 2019 年 9 月 10 日顺利将权力移交给继任者。

（2）企业人力资源管理创新。阿里巴巴在人力资源培训和提升人力资源能力方面投入很大，成立阿里学院，其目的是培训员工、培训客户使其成长。阿里巴巴对新员工进行入职培训，以达到使员工在工作中成长，增强员工的职场素养，更好地沟通，调整员工心态，减少员工抱怨的目的。阿里巴巴通过其脱产培训，对员工进行集中培训，使员工能够集中精力学习并提高工作中必须具备的知识、技能、态度。并增强员工的成就感，保持积极性，激发创新意识。主要培训方法为演讲法与行为示范法。阿里巴巴对在职员工同样使用脱产培训，提升技术性人员的技能、知识、操作能力、创新激情等；提升管理人员的技能、沟通能力、应变能力、语言表达能力等；主要采用以下培训方法：讲授法、机关通用文件处理的模拟、工作活动模拟、角色扮演模拟、模拟现场作业法、模拟会议法、案例分析法。阿里巴巴注重发掘员工的潜能，同时也关注员工的成长。其内部招聘制度和轮岗制度提供给很多员工新的岗位、新的机会，使员工可以得到发展。阿里巴巴推出的"青橙计划""百年阿里系列培训""领导力发展""阿里夜校"等一系列员工培训措施，为员工"加油充电"并且提供许多平台，使阿里员工能通过努力不断提升自己。

从本案例可以看出：在技术领域，阿里巴巴从成立起就将企业自主创新作为企业发展的基础，创新研发出包括第三方支付等金融工具，最终引发电商领域的变革。随着移动互联网的发展，阿里巴巴紧紧围绕大数据、人工智能、云计算等领域进行研发，并不断提升用户对电商领域购物的舒适和便捷程度。而在管理领域，强调管理体制创新。一方面，构建了适应企业发展的股权制度,以保证企业在发展过程中受到外部股权人的影响最低,特别是完善的人事传承制度有利于企业的长期发展;另一方面,构建了完善的人力资源体系,始终将企业人力发展、技能提高作为企业发展的核心要素。

第二章
浙商技术创新管理及其面临的挑战

"十三五"期间是加快推进企业社会主义现代化的重要战略机遇期。浙江企业如何促进发展方式的实质性转变成为提升浙江企业在国际和国内市场竞争力，加快企业转型升级的重要问题。从产业布局来看，浙江民营经济一般相对集中在传统产业领域，主要以劳动密集型产业为主，早期主要停留在国际产业分工的低端制造层面。而面对新时期中国经济发展对产业发展的内在要求，浙商企业亟须通过产业结构调整和技术升级，围绕新兴的高端制造业、电子信息产业、人工智能产业等加快资金投入和技术创新力度，不断提升企业的市场竞争力，加快培育企业新的核心竞争力。从产业发展来看，在企业产品生产的技术升级过程中，必须选择有效的技术创新模式，充分考虑市场的具体需求以提升企业对市场的敏感度。由于技术创新的本身存在一定的高风险性和高复杂性，这使企业技术创新的决策行为及其管理过程成为一项非常复杂的任务。浙商群体很早就意识到技术创新存在的高风险性，因此，为了更好地规避市场风险，浙商企业在技术创新过程中，往往通过制定有效的管理制度和完善的监管体系，力求对企业技术创新的全过程进行有效的系统监管。一方面，通过构建企业市场风险预警系统及时发现企业技术创新的潜在风险因素，由此提前预控风险，避免或减少可能存在的市场风险和企业的潜在危机，使企业能够顺利实现经营目标，并谋取更好的发展；另一方面，浙商企业通过务实的商业态度和系统化管控将市场风险进行有效控制，不断提升企业对市场风险的识别能力、风险管控能力，及时识别、评估和管控潜在的内、外部市场风险和管理风险，最终将企业的"技术创新"和"管理创新"内涵融入企业价值共创的全过程。通过系统化、模块化创新体制不断创造产品全新价值，最终实现企业的可持续发展能力。为此，本章通过分析浙商的具体技术创新过程和管理创新过程，并围绕具体案例阐明浙商企业如何通过创新推动产业发展和实现产品的市场价值。

第一节 浙商技术创新过程和管理创新过程

正确理解浙商企业技术创新的全过程就是需要真正认识到企业技术创新的真正内涵。其中,"技术"一词是指应用于产品和服务开发、生产的具体理论指导和实践知识、技巧和手艺等的总和。而"创新"(Innovation)一词源于奥地利经济学家约瑟夫·熊彼特的定义"将未出现过的生产要素组合引入生产体系"。熊彼特的核心思想是通过引入某种新的生产工艺或者生产方法,从而开辟出新的市场,以提高资源的有效配置。因此,企业技术创新过程的实质是如何将"产品"和"服务"这两类生产要素引入市场,将外部生产要素转变为具体的市场产品,通过创新实践,不断适应外部市场环境、完善产品工艺流程的全过程。在改革开放后,浙商企业的技术创新历史基本经历了改革开放的三个重要历史阶段。在每个历史阶段,浙商企业的技术创新都经历了不同程度的市场变革,见证了改革开放的重要发展历程(见表2-1)。

表2-1 浙商技术创新的三个阶段

浙商创新的具体阶段	企业发展特点	创新举措
萌芽阶段(1978~1991年)	贴牌产品和加工贸易为主导	模仿创新,适应国际技术和产品的发展趋势
提升阶段(1992~2005年)	生产工艺和生产经营取得突破性进展	技术工艺取得突破,产品逐步由模仿创新到自主创新
形成阶段(2006~2019年)	产业结构调整加快,产品生产系统化合集约化	大数据技术、人工智能技术广泛应用,基本实现完全自主创新

具体来说,第一阶段为企业技术创新萌芽阶段(1978~1991年)。这一阶段,由于改革开放不久,浙商的商业资本积累有限,技术研发实力和资源配置能力相对比较薄弱。产品市场逐步从国内市场迈向国际市场,但因为受困于技术应用能力和产业集聚能力,浙商所生产的产品质量同国际同

类型产品相比仍然存在较大差距,所以大多数企业一般从事于贴牌产品和以加工贸易为主导的市场发展战略,而在产品加工和贴牌过程中,企业的模仿创新能力有了较大的提高,逐步适应国际产品生产研发技术发展的总体趋势。

第二阶段为创新能力提升阶段(1992~2015年)。这一阶段,受益于邓小平"南方谈话"精神和国家对企业创新策略的政策支持,国内经济发展速度每年以大于10%的增长速度提升。随着国内市场的消费者需求升级,市场对产品质量、外观、性状等都提出了新的要求,客观上要求企业不断加快技术的革新,逐步改变创新模式,从模仿创新迈向自主创新,在许多技术工艺和生产经营等领域取得突破性进展。此外,企业积极转变增长方式,产品生产线逐步由传统流水线向智能生产线过渡,以创新推动企业产品的可持续发展,通过技术创新推动结构调整为主要的市场战略。为此,民营企业大幅度引进高科技人才,加快科技创新步伐,在改革和实践过程中强化企业的科技意识和创新意识,并在产品研发和生产过程中积累了创新的许多经验。

第三阶段为创新系统形成阶段(2016年至今)。在这一阶段,经济全球化格局逐步形成,企业的发展不仅取决于企业自身的技术研发能力、产品创新能力,还受制于国际市场的整体技术水平。技术创新行为表现在产品研发、产品产出、市场配置等多个方面,呈现系统化、集约化特征。各种新技术层出不穷,产业结构调整速度加快,企业由粗放式迈向集约式的转型升级步伐加快,特别是政府在强调"绿水青山就是金山银山"的绿色可持续发展战略下,各个企业都开始转变发展模式,加快了绿色产品的研发和制造,提升了产品生产过程中的资源要素有效利用率。这一阶段,包括大数据技术、人工智能技术、云计算技术等都已经广泛被应用于企业产品的研发和生产,浙商企业的高技术创新产出呈现持续增长的趋势,创新的成果已经突破了原有的产品范围,各种新型产品层出不穷,更加适应国际化市场竞争。在许多高科技领域,包括集成化数字电路、无线宽带通信、高性能计算、新能源汽车等领域,浙商企业已经同国外先进企业的科技实力持平,许多企业已经逐步具备完善的自主创新系统和自主创新能力。

一、企业技术创新过程、目标和要素配置

企业技术创新是一个涵盖多个对象和要素的异常复杂的实践过程:一

方面，涉及企业对各类资源要素包括生产要素、人力要素、资本要素的重新组合、配置和优化；另一方面，涉及企业从产品研发到生产再到上市销售的全部价值创造流程。因此，技术创新一般分为生产过程创新和产品创新两个部分。其中，生产过程创新强调企业通过改变固有的生产技术和原有的工艺方法，改善生产环节和生产过程，提升生产的效率。而产品创新则强调企业通过完全改变产品的特征，特别是在产品性能和产品质量方面相比，固有产品存在新的差异化，从而弥补市场的需求不足。假设企业的创新成本为f_c，企业运用新技术后边际成本为$c-\varepsilon$，其中，ε为创新回报，所有企业对创新回报都有一定的期望值，期望值是μ，方差是δ^2，假设市场需求函数为线性函数，构建完全市场竞争环境下，n个企业市场竞争模型，依据古诺竞争模型定义如式（2-1）所示：

$$p = \lambda U - \sum_{i=1}^{n} Q_i \qquad (2\text{-}1)$$

其中，p为企业生产的产品价格，Q_i表示企业i的具体产量，λ表示外部经济变化系数，λU表示市场对产品的具体需求。

企业i的利润函数如式（2-2）所示：

$$\pi_i = \left(\lambda U - \sum_{i=1}^{n} Q_i - c - \varepsilon\right) Q_i - f_c \qquad (2\text{-}2)$$

根据该理论模型可以发现企业利润和外部经济环境，市场的具体需求密切相关，也和产品的创新成本密切相关。而从新产品的具体创新环节来看，生产过程创新更强调在产品生产过程中对相关生产要素环节的改善和提高。其核心目的在于通过优化生产环节，降低产品的生产成本，提升生产效率，提高资源的有效配置水平。相比产品创新，生产过程创新更注重在具体环节中提升生产效率。无论是生产过程创新还是产品创新，其实质都是为了企业提供源源不断的发展动力以适应激烈的市场竞争，实现企业经济效应的大幅度增长。从长期目标来看，企业技术创新的目的是通过产品的更新换代，加快实现企业的可持续发展；从短期目标来看，企业技术创新的目的是通过技术革新、产业升级等手段促进技术的全面升级，提高产品的利润率，从而提升企业的总利润π_i。而企业在技术创新过程中，专利数量是衡量企业研发能力的一项重要经济指标。

以专利（Patent）作为因变量的专利生产函数如式（2-3）所示：

$$\ln Patent_{it} = C + \alpha \ln Fund_{it} + \beta \ln People_{it} + \varepsilon_{it} \qquad (2\text{-}3)$$

其中，$Fund_{it}$表明企业技术创新的研发资本投入，$People_{it}$表示企业进行技术创新时的劳动投入，这一模型表明浙商企业在技术创新过程中的研发投入（资本和劳动投入）与企业的技术创新能力（专利数）呈正相关关系。

相比一般的企业，浙商企业无论是生产过程创新还是产品创新，其目标都是一致的，创新所采取的方法也是类似的。而区别在于浙商企业往往具备更加完备的系统学习能力。在技术创新过程中，浙商善于总结商业实践经验，敢于在商品经营过程中拼搏奋斗，经商过程具备高度的历史责任感，善于将学习能力转化为创新实践能力，通过不断地创新学习，提升创新的效率和创新的水平，通过浙商企业的系统化创新，全面提升技术创新的企业价值和社会价值。

（一）企业技术创新理论的发展

弗里曼教授认为，企业是通过运用某种新的技术或工艺最终导致新产品的市场实现或者某一新服务的首次商业化。企业技术创新过程理论的发展主要包括两类：其一，侧重于从产品和工艺角度阐述围绕企业产品研发或生产所需要的具体过程创新，强调技术创新的过程更多的是生产环节的创新和工艺优化过程创新，正如曼斯菲尔德的观点："创新是以企业对新产品的构思过程为起点，以产品销售为终结点的创新性活动"；其二，侧重于组织变革和制度创新角度阐述围绕新产品和新技术所进行的具体组织过程或制度过程创新，强调技术创新的过程中更多地伴随着组织结构的变革、企业战略目标的重新设定等。强调随着技术的革新，企业应当加强构建与之相适应的创新体制、政策的变革，改变不适应企业发展的旧制度。可见，企业技术创新过程的核心是将生产要素、人力要素、资本要素等优化组合，有效运用于生产的全过程，以实现市场化和商业化的过程。

企业不同的市场规模往往具备不同类型的生产要素组合类型。因此，企业技术创新行为与其市场规模密切相关。Grossman 和 Helpman 等（2015）认为，企业技术开发的最本质目的就是攫取最大利润。由于该目标的恒定性，企业更有动力加快技术革新，因此，其边际产出呈递增趋势。最终导致人均产出出现持续性增长。此外，Aghion 和 Howitt（2016）认为，企业的规模效应对技术创新动力具有较大的影响。规模较大的垄断企业由于垄断优势可以获得较高的垄断利润，因此缺乏动力进行有效的技术创新。相反，规模较小的企业存在较大的市场竞争压力，在市场竞争过程中，市场份额较少。因此,企业拥有较高的内在市场驱动力,通过企业整合市场规模要素加快技术创新的步伐,不断提升产品质量和市场的竞争力。

(二)企业技术创新的经济行为

企业技术创新并非一种纯粹的技术研发行为。相反地,从经济上看,技术创新的实质更多地体现在企业为了实现商业目标而对产品生产过程所实施的特定经济行为,即企业家通过重新对现有的各种生产要素、资本、人力资源等进行有效配置,构建出效能更强、效率更高和费用更低的生产经营体系,从而最终实现市场的潜在盈利机会。因此,企业在技术创新过程中,对涉及的各类生产要素进行更加有效的整合,优化资本的使用效率,加快人力资源的开发和利用,最终将企业的生产要素转化为具体的新产品。

企业技术创新的过程并非是一种无意识的组织行为。相反地,这一过程是企业有目的、有意识的一种创造性行为。这一过程涉及产品创新思维产生、产品研发过程、技术管理、工程设计、用户参与和市场营销等具体活动,相关生产和销售等活动覆盖了产品从研发到上市销售的全部价值链过程,其核心是为了提升企业价值链的价值增值过程(见图2-1)。

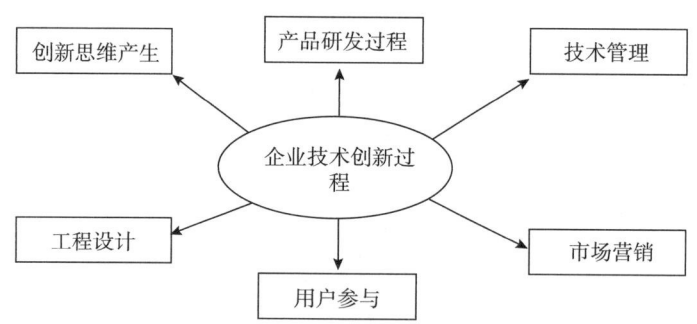

图 2-1 企业技术创新的维度

首先,由于企业面临激烈的外部市场竞争和产品竞争,企业家需要保持产品在市场的竞争力,保持企业的核心竞争力,这就需要提升创新的意识和创新的思维,内在的驱动技术创新。其次,企业技术创新过程异常复杂,涉及生产和研发资源配置、企业规范化制度建设、企业生产流通管理等多个方面,故企业家需要具备有效的创新思维理念,"明确如何进行产品和技术创新,怎么创新,通过何种途径加快产品研发流程"等。再次,企业技术创新最终是为了研发出新的产品，确定新的生产工艺，这就需要企业制定有效的创新决策和管理决策制度，通过制度化保障决策的准确性，减少偏差。从而对企业创新的全部过程进行有效的决策和组织，这一过程需要企业家具备高度的视野。尤其是技术创新的过程伴随着产品知识的更新、工艺流程知识的改变等。最后，企业需要在每个具体创新环节通过各种途径加快知识共享的效率。并将知识内容逐步转化为员工的生产技能，最终转变为具体的新产品的制造和生产。可见，企业通过技术创新过程实现员工对产品生产知识、操作技能等的系统性更新，通过知识共享行为以及企业家的创新和管理决策，最终物化为企业的产品研发和生产的全部环节。

二、浙商的技术创新管理过程

相比粤商企业在技术创新过程中较为关注创新产品的市场占有率。浙商企业在技术创新过程中更注重对企业创新全过程进行有效管理，对企业价值创造的全过程进行有机协调，即通过企业目标引导、政策辅助、资源整合、市场引入等多个具体环节引导和协调各种创新要素，最终实现有效的企业技术创新。具体而言，首先，在企业技术创新之初，浙商一般会设定比较明确的市场战略目标：一方面，通过技术创新活动增强企业的技术先导能力，通过研发市场差异化、竞争化的技术为企业赢得市场竞争优势；另一方面，浙商企业在技术创新过程中都会围绕产品的价值创造体系进行系统化、全局化管控，根据企业具体战略目标设定一系列对应的创新行为保障环节，具体活动往往包含企业内产品生产、研发、后勤保障等，强调各个环节要素的平衡协调和有机结合。其次，浙商企业在技术创新过程中往往围绕价值创造环节进行全过程的系统考虑。始终将提升企业的核心竞争力作为企业技术改善和发展的方向，不断完善创新管理的具体环节以提升要素价值链的增长，将市场资源、组织结构、宏观战略、资本等要素进行有效配置，通过市场的资源驱动和企业的利润模式驱动以实现企业的经济效益。最后，浙商企业在技术创新过程中往往具备清晰的市场发展意识，始终将市场作为技术创新的落脚点，加强对技术创新全过程进行有效管理，协调，将产品生产技术、管理技术等真正运用于价值创造全过程，实现产品市场的商业化运营。可见，浙商在进行技术创新时往往具备了明确的管理目标,需要将企业的技术优势转化为企业的市场竞争优势。并且,浙商企业往往对企业技术创新全过程进行资源整合、生产流通全过程均衡管理,而不只是对单一研发过程或具体某一生产过程或营销过程进行监管。

可见,围绕企业的具体发展目标,浙商企业通过有效的全过程管理保障了企业技术创新的有效实施,故浙商的技术创新过程可以分为如下步骤(见图2-2):

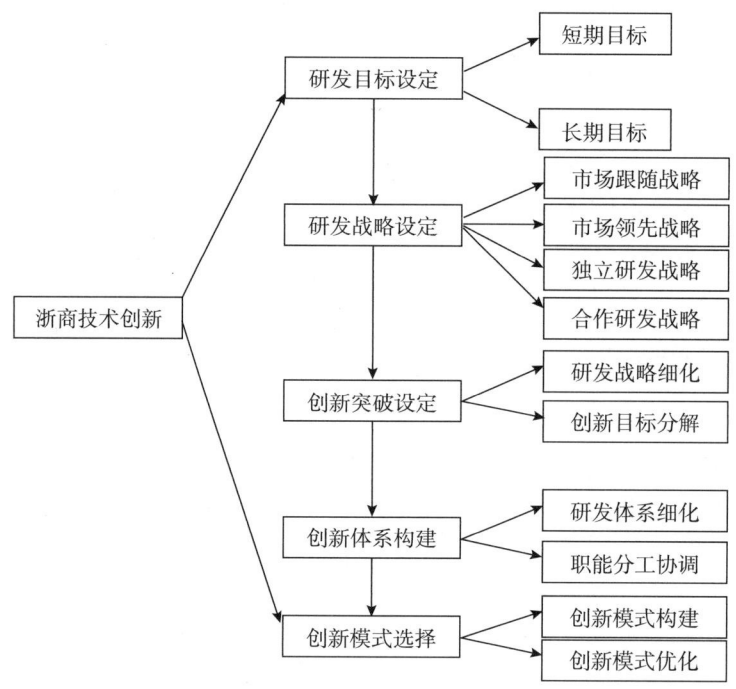

图2-2 浙商创新过程步骤

首先,浙商企业往往根据潜在的市场需求和企业自身的技术实力设定具体的研发目标,并根据研发目标设定详细的研发战略,如市场跟随战略还是市场领先战略;独立研发还是合作研发等。特别是在当前经济新常态环境下,浙商企业面临着更加复杂的市场环境,浙商企业更多地需要从行业发展现状,竞争者状况,产品的市场潜力,企业的技术研发实力和资金限制、研发人员创新实践能力等内外部环境因素进行考虑,最终确定未来一段时间的企业需要进行技术创新的总体战略目标和短期具体目标。其次,浙商企业在产品的研发过程中,应当将市场研发战略予以细化,根据不同层次目标（短期或长期），构建适应市场变化的灵活、快速反应体系。将产品信息和市场信息有效地吸收并分解为具体的生产目标，以产品设计、工艺流程革新、技术目标突破等作为技术创新的具体落脚点，最终形成技术创新的源头。再次，浙商企业在技术创新管理中，围绕技术创新的具体环节，如产品构思、技术革新等环节，构建出适合企业长期发展的行之有效的产品设计研发体系，通过体系推动产品创新提升和企业竞争能力的提高。而在企业内部，加强企业各个职能部门的分工协调，加快技术研发部门、市场销售部门、生产管理部门等多部门协作联动机制，通过多层级技术创新要素的配置，充分提升技术创新的效率，最终全面推动企业技术创新活动的有效开展。最后，在技术创新过程中，浙商企业往往根据具体实践选择有效的技术创新模式（自主创新或是模仿创新）以适应行业特征和企业发展状况。如浙商企业往往根据产品技术的复杂性、企业的技术创新能力变革和外部市场可以获得的科技资源、资金资源和人力资源等企业技术研发和创新要素资源，在独立创新、合作创新、引进再创新等多种技术创新实施模式中进行优化选择。此外，浙商在技术创新管理过程中，更加强调"务实"精神，始终把企业的产品产出和长期利润作为重要的目标，通过和高校或科研机构合作，构建出产学研一体化的合作研发模式，最终形成科学化、系统化的集成创新群体，从而提升企业技术创新的效率和质量。

三、浙商技术创新的价值实现过程

浙商作为浙江籍企业家的代表性群体，在引导企业技术创新和价值创造过程中并非简单地对原有产品进行简单的模仿创新。相反地，浙商企业家往往具有长远的战略眼光以及通过模仿进行赶超，进而自主研发的意识。其进行产品创新的目的在于通过创新行为有效地实现产品价值。从市场发展角度来看，浙商企业在进行产品生产时往往首先对市场进行有效分析，通过了解市场的具体需求，结合企业自身的技术发展现状和当前产品的缺陷或不足，形成创新产品的新构想，然后考虑未来市场需求的可能变化情况，进行新产品的研发、设计和开发。通过技术革新首先形成新产品原型，并随着用户需求和市场供给的变化，不断提高产品的内在品质，提升产品的科技含量，不断开发新的产品类型和具备新功能或新特性的产品，最终投放市场以满足市场的潜在需求。

从技术发展角度来看，技术的市场化往往经历导入期、成长期、成熟期和衰退期，每个时期对产品的技术特点都会有新的要求。故浙商企业在早期大多通过模仿国外某一最新产品的先进技术后，通过有效技术探索和适应性技术改进或创新，在原有产品基础上生产出具有彰显企业特色的产品。这一过程不仅伴随技术的变革，也往往伴随商业模式创新、企业制度创新和管理过程创新。特别是浙商企业从原有单纯商业模式转向现代化商业模式和工业发展模式。

从社会发展角度来看，浙商企业发挥技术创新的作用，不仅是某一浙商企业家的个人主体作用；而是通过浙商的一个团队进行系统性创新。该系统覆盖企业从研发到生产和营销的全部要素：即从企业的战略布局、产品研发、技术革新、产品生产、组织管理、后勤保障等多方面进行创新管理，围绕企业技术创新的长短期目标加快各要素保障，从而最终实现产品和技术的创新。而在这一创新实践的过程中，始终伴随着产品价值的增值，最终形成一个庞大的价值网路。设每个环节的价值创造为 V_k，通过创新管理的价值增值为 ΔV_k，创新成本为 f_c，企业的可变成本为 F_v，构建企业利润模型如式（2-4）所示：

$$\pi_i = \sum_{k=1}^{n} V_k + \sum_{k=1}^{n} \Delta V_k - f_c - F_v \qquad (2\text{-}4)$$

根据该模型可知，浙商的技术创新通过价值创造的各个环节构建完备的价值网络，即将提升产品价值、实现客户价值作为企业创新产品研发的起点，坚持产品的市场需求为导向，始终将产品的研发作为市场发展的基础，抓住市场的潜在盈利机会，以获取商业利益为目标，重新组织出效能更强、效率更高和费用更低的生产经营系统。在这一过程中，浙商企业面临动态变化的外部市场环境，这一环境直接或间接影响了企业的技术创新和管理创新过程。由于企业技术创新不仅是研发新产品新技术，更是要将技术运用于企业生产实践，这一过程就需要通过企业通过对生产环节、研发环节、营销环节等进行管理协调。故这两个过程的均衡发展促进了产品从市场需求导向到市场认可的全过程。最终通过价值推动最终实现技术创新这一过程，得到市场对创新产品的价值认可，为此，本章提出了浙商技术创新最终实现产品价值的价值共创模型，如图2-3所示。

可见，浙商技术创新是以产品的市场需求为目标导向，通过具体的市场需求程度和市场对产品的认可程度从而影响浙商企业的产品研发和工艺技术

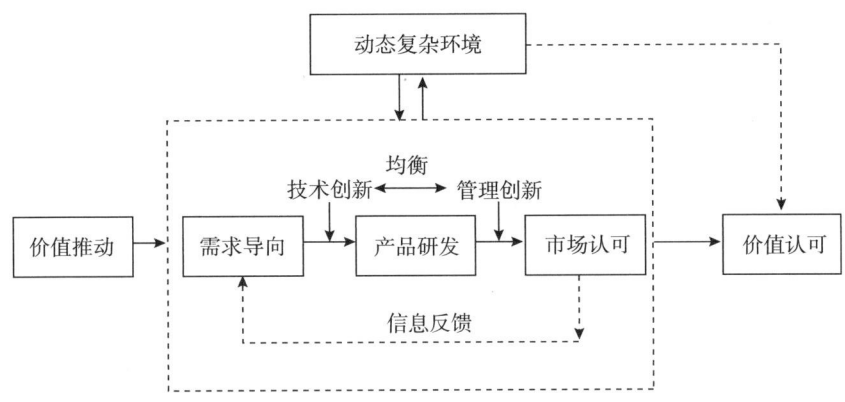

图 2-3 浙商技术创新的价值共创模型

革新,而这一过程随着浙商企业的技术创新和管理创新。通过产品需求到市场认可再到价值认可的一系列的价值推动过程。最终,浙商企业通过产品要素的价值创造过程构建出适应市场发展需要的产品,并通过市场销售行为真正实现产品的市场价值。这里借鉴 Demil 和 Lecocq 的方法,进一步将价值创造(V_i)提炼为四个维度:价值主张(Value propsition)、价值创造(Value creation)、价值分配(Value allocation)、价值获得(Value acquisition)。产品的价值增长率可以表示为企业在单位时间内价值增量($V_{it}-V_{i0}$)与投入量的比值,用 Z 表示,构建产品价值增长率与价值创造维度的数学模型如式(2-5)、式(2-6)所示:

$$V_i = v_{ip} + v_{ic} + v_{il} + v_{ia} \tag{2-5}$$

$$Z = (V_{it} - V_{i0}) / \int_{i0}^{it} V_{it} dt \tag{2-6}$$

其中,浙商的价值主张(v_{ip})决定了企业技术创新的发展方向,是企业对需要提供给顾客的产品或服务的具体内容的承诺与总结,其核心是通过创新提供给顾客什么类型的价值;价值创造(v_{ic})决定了企业需要以市场为导向,充分利用市场资源进行技术创新,创造出符合企业发展目标和市场需求的具体产品和服务;价值分配(v_{il})体现了企业在技术创新和管理创新中如何优化企业成本结构、优化价值分配;价值获得(v_{ia})体现了企业如何将技术创新转化为企业的产品价值并通过具体的产品生产事件和有效营销活动从消费者处获得价值的过程。总之,浙商技术创新的过程始终以产品生产的要素价值所驱动,通过要素价值在企业创新环节和创新过程的动态流动以实现价值的增值过程,最终通过技术创新伴随的价值创造过程转化为创新产品并引入市场。

第二节 浙商技术创新面临的环境变迁

浙商的企业技术创新发展一方面得益于浙商内部的价值驱动理念,即以市场为需求,通过价值链各环节要素价值的传递,加快技术革新和管理创新;另一方面,浙商技术创新取得的成绩也离不开重要的外部环境因素的影响。包括国内特定的市场经济环境、法律政策环境、本土文化环境和稳定的政治环境对浙商发展起着正向调节作用。特别是浙商群体的发展受益于浙江省政府长期以来对浙江民营经济的鼓励、支持和帮扶政策。改革开放以来,浙江省一直强调推动和加快民营经济发展,并在政策制度、法律文化等方面给予支持从而创造出良好的社会创新环境。浙江省各级政府首先针对企业的发展目标,在企业战略思想上给予其解放,省内重工商的思想与历史背景一脉相承,为浙江民营经济发展提供了很好的外部条件,特别是浙江省给予许多民营企业一定的税收或其他优惠政策和法律保证,保证民营企业拥有和国有企业同等的市场地位。一方面,浙江省政府通过严格的政策规定有效地规范了省内金融市场和融资市场,推动技术创新过程的投融资业务发展,不断完善社会服务体系以服务与浙商,推动浙商积极开展有关的经济活动;另一方面,政府不断加快浙江社会文化创新体系的构建,鼓励浙商采取各种手段针对市场需求变化加快技术创新和管理创新。此外,浙江省在浙商企业技术创新和价值共创过程中给予许多相适应的社会配套服务。如法律咨询、会计和税务辅助、工商信息交流、文化和品牌宣传、发展报告等各项服务,而2018年浙江省在全国率先开展的"最多跑一趟"的政府集约化服务创造了良好的外部行政管理环境,为浙商企业的快速发展提供了必要的服务帮助,减少了浙商企业生产、研发和销售等的社会冗余成本和时间成本。这一过程中,浙江省政府也鼓励企业家将企业文化和社会主义核心价值融为一体,鼓励企业通过加快技术创新和管理创新,不断提升产品的附加值和市场竞争力,最终提高企业利润,并得到社会的支持和广泛认同。

一、浙商技术创新面临的环境变化

近年来,浙江省电子商务产业加速了数字经济等的发展,但一直强调实体经济对浙江经济发展的重要地位。近年来,包括阿里巴巴等新型电子商务平台取得了巨大的发展,其核心目的也是通过平台服务进一步推动实体企业的发展,构建实体企业与消费者之间的优化平台。习近平总书记也多次强调实体经济对中华民族伟大复兴的重要意义,"实体兴,则经济兴;实体衰,则经济衰"。目前,浙江省内中等规模以上的工业企业近4万家,这成为浙江省实体经济发展的主体。而实体经济发展的关键在于提高制造企业产品生产的附加值和提升产品的市场竞争力,这就需要充分认识到产品创新所面临的环境变化。如娃哈哈集团历经30年发展历程,一直坚持围绕饮料研发生产,最终拓展成为全国最大的饮料巨头;杭州万事利丝绸一直围绕丝绸进行创新研发,历经30年发展最终成为全国知名的丝绸巨头。随着浙江经济的转型升级对价值创造过程中的组织协同能力提出新的要求,在客观上要求浙商企业更加注重现代科技在企业发展中的技术引领作用,更加注重现代金融的融资服务和良好的柔性组织结构,通过安全、高效的财务系统优化企业的资金应用效率。

(一)浙商企业面临的内外部社会环境变迁

由于浙商技术创新是一个复杂的市场过程。从创新的市场需求角度来看,企业创新既有技术推动型也有需求拉动型;从创新环节来说,既有交互式创新,也有综合式创新。这些不同的创新过程都与浙商的外部环境特点和经营条件密不可分。事实上,浙商企业在价值创造过程中面临严峻的社会外部环境变迁。在新常态下,浙商企业面临着三个重要的社会外部环境变化:市场经营环境、现代法制环境以及社会生态环境(见图2-4)。

其一,浙江省政府通过实施各种措施进一步加快浙江城镇化步伐,不断提升政府运营效率和服务效率,客观上使浙商企业的外部生产环境和经营环境产生巨大变化,极大地提升了企业的创新经营环境;其二,浙商企业遵循市场规律,在积极构建现代市场的基础上,不断完善和丰富现代法制制度,着重加快浙商企业的经营步伐,改变企业的外部管理体系,不断完善产品的价值创造全过程;其三,浙江省强调"青山绿水就是金山银

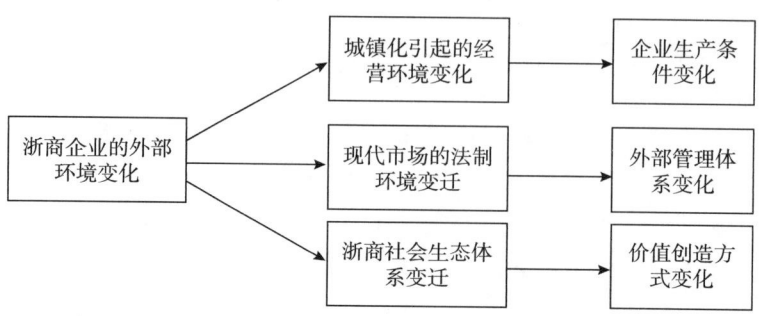

图 2-4　浙商企业的外部环境要素变化示意

山",进一步强调产品社会生产的核心离不开完善的生态化体系建设,这在客观上对浙商企业产品的价值创造的方式和创造类型提出了新的要求,需要改变传统的掠夺式资源获取方式。特别是 2019 年上半年,数字经济核心产业增加值同比增长 14.8%。高技术、高新技术产业、战略性新兴产业、装备制造业增加值增速高于规模以上工业。这表明浙江的实体经济内容和实质都发生巨大变化。

在经济新常态下,浙商企业的内、外部生产经营条件都发生了巨大的变化。根据浙江省统计局 2019 年数据,从企业内部生产条件来看,一是 2019 年上半年全省规模以上工业企业利润总额 2192 亿元,同比增长 5.4%。其中,民营企业利润总额达到 1266 亿元,增长 10.8%。浙商的生产资料指数相比 10 年前提高了 80% 左右,特别是燃料动力成本提升了近 20%,而产品的生产价格几乎持平,甚至略有下降。二是企业现在的工资水平比 2008 年相比至少上升了 50%~60%,浙商企业面临巨大的招工难题。同时,职工工资总额占工业增加值的比重却在下降。三是浙商企业筹措资本的难度进一步提高,资金成本大幅度增加。特别是由于经济增速放缓,企业应收货款周期增加,企业融资的贷款利率提高,客观上提升了企业的融资难度,导致企业的资产负债率比较高。

此外,从外部环境来看,浙商企业面临严峻的外部生产困境。其一,随着浙江省对绿色生产的要求提高,监管力度加强。浙商企业的社会责任成本不断增加,客观上要求企业进一步节约资源和保护环境,维护利益相关者包括公众、社会的利益等,这就需要浙商企业以价值创造为企业发展核心目标,不断加快推动企业技术创新,积极拓展有关绿色产品生产研发技术，减少社会浪费成本，进一步降低企业的生产经营成本；其二，美国、欧盟等发达国家通过各种非关税壁垒手段包括生产技术标准、质量标准等提高了浙商企业所生产的产品的出口难度。如自2018年开始，中美贸易争端进一步加强，美国对中国的某些工业产品出口提高了关税税率，限制了其出口效率，客观上限制了中国产品在国外市场的竞争力。在这一行为背景下，中国政府也已经通过市场谈判、政府补贴、反倾销等措施提高产品的出口效率。总之，面对内外部市场困境，浙商企业需要通过调整和优化产品结构与组织结构，在价值创造过程中不断加强各生产要素的价值链增值，通过技术进步不断推进知识密集型和技术密集型产业的发展。

（二）新常态下浙商企业面临的科技环境变迁

浙商企业在技术创新过程中，需要面对当代科技水平和外部科技环境的变迁，在技术创新过程中提升产品的科技含量，加强科技在创新产品中的应用。在世界经济全球化驱动下，积极发展"低碳环保"技术，提升产品的"绿色"科技含量已经成为企业的共识，各国企业都逐步开始走产品的绿色化经营和绿色发展道路。而浙商企业在围绕如何提升产品绿色生产为中心开展了一系列具有针对性的改革工作。一方面，逐步构建完善的企业绿色管理体系，完善产品监管制度，积极落实有效的产品清洁生产机制，提高对不可再生资源的有效利用效率，如提升煤炭、石油资源的有效利用效率等，提高水资源的重复利用效率，减少废水和废渣的产出；另一方面，加快新能源、可持续资源的开发和利用。加快核电技术、特高压输配电技术以及可再生资源的开发利用等，并鼓励企业将研发成功的低碳技术推入到市场中，提升产品的低碳环保效率，真正地将科技转变为生产力（见图2-5）。

在经济新常态下，浙商企业面临着最重要的互联网革命。5G时代的到来使得移动互联网的覆盖程度更广，并将对浙商企业的市场发展带来革命性变化。根据CNNIC第43次互联网数据显示，截至2018年12月，中国目前的互联网用户总体规模超过8.84亿，以互联网，特别是移动互联网为媒介的电子商务产业发展迅速，进一步颠覆了传统制造业，对整个传统实业价值链进行了颠覆和重构，产品的生产资料获得、产品的销售更加依赖于网络，通过网络实现产品的价值。特别是以智能制造为核心的"工业4.0"这一宏观大背景下，人工智能技术更加广泛地应用于生产实践，包括机器

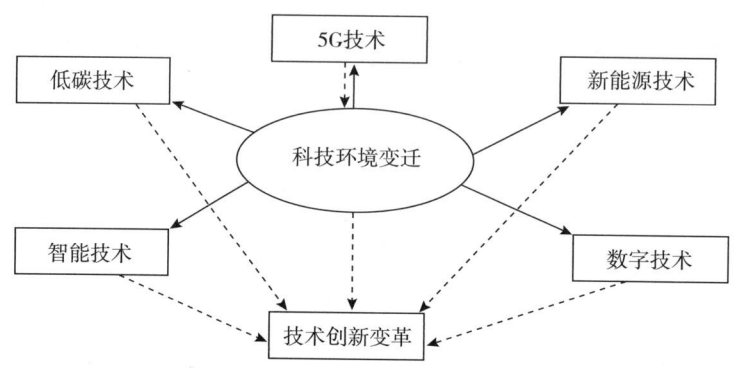

图 2-5　科技环境变迁下的技术创新变革

人技术、智能识别技术等广泛应用于产品的生产和流通，从而引领企业加快智能产品生产线的更新。

此外，随着移动互联网技术的发展，产品的数字技术也有了大幅度提升，围绕用户的个性化需求所产生的定向营销、定制化产品生产等都取得了巨大的进步。因此，科技环境的变迁客观上要求浙商企业，尤其是以制造为基础的企业重新审视价值创造过程，不断加快智能化产品线布局和转型，积极提升产品的科技含量，围绕大数据、云计算、人工智能等新兴产业加快研发步伐，将新兴产业研发作为企业的核心发展战略，加大科研投入力度，从而增强企业的技术创新能力。

二、新常态下浙商管理创新面临的内外部困境

在经济新常态下，浙商企业依然面临国内外严峻的经济形势。经济环境的变化对浙商企业的管理效率、管理机制提出了新的要求，特别是围绕浙商企业的管理创新提出了新的挑战。一方面，国内经济从过去 2008~2017 年两位数的增长变为当前年均 7% 的增长率，增长幅度有所下滑，未来将继续长期保持中低速增长趋势。国内市场竞争异常激烈，产品的同质化程度较高，产品科技含量有限，产品市场趋于饱和。另一方面，由于中美贸易战等因素，美国频繁对中国的出口产品施加额外关税或者采用其他壁垒形式，阻碍中国的产品出口。特别是对于浙江这个出口大省而言，受到的影响更大。其中，浙江的外贸经济自 2018 年以来出现明显下降，产品出口大

幅度下降，这在一定程度上抑制了现有新产品的研发力度，企业的研发总费用在投入上也相比以往出现了较大程度的下降。此外，由于浙商企业普遍存在着融资难、融资成本高、资金融资风险大等问题，而浙商企业习惯于企业间相互担保，当一家企业出现金融问题时很可能连带其他担保企业出现经济问题，最终引起融资的级联反应。因此，这需要浙商企业重新审视企业所面临的内外部环境困境，尤其是融资困境。应思考如何制定有效的管理政策以完善管理体制，通过加强融资管理、构建完善的风险防范体制，加强对技术创新的相关政策支持等以规避由于技术创新的较大资金投入所产生的企业生产和经营风险。

（一）浙商技术创新高风险性和创新资金不足困境

浙商企业在进行技术创新中依然面临较高的技术风险和市场风险。比如宁波水星科技公司的王牌产品"水星一号"从传统的阻燃灭火产品逐步向无污染灭火产品，再到环保可再生灭火产品的变化均属于企业通过多次技术创新所取得的成果。从其他失败产品来看，不仅存在较大的技术风险，而且有较大的市场风险。企业研发过程中不仅要涉及进度、质量、成本和资金、人力资源、设备等管理，更要解决创新风险问题。相关调研数据显示，2018年，浙江超过67.88%的企业由于资金短缺问题，很难承受大量的研发投入而没有实际产出。因此，浙商企业在技术创新初期为减少研发的高风险，往往采取模仿创新的模式，以求更快进入产品成熟期，从而降低企业的生产和研发成本，增加企业的利润如式（2-7）所示。从短期来看，这种模仿创新方式推动了企业技术创新的速度，但从长期来看，在模仿的过程中，其潜在风险δ_{ft}有可能侵犯其他企业的知识产权。这就需要企业加强监管体制的构建，通过构建完善的法务部门，防范知识产权侵权的潜在风险。

$$E[v_j|R_j] = \delta_{ft}R_j + \sqrt{\delta_{ft}}\delta_{\varepsilon ft}\frac{\phi\left(-\delta_{ft}\dfrac{R_j}{\delta_{\varepsilon ft}}\right)}{1-\phi\left(-\delta_{ft}\dfrac{R_j}{\delta_{\varepsilon ft}}\right)} \quad (2-7)$$

另外，企业技术创新的周期较长，有些产品需要几年甚至数十年的研发周期。研发所需要的资金数量庞大，这就需要企业坚持长期稳定的资金投入，而这些资金投入也需要企业有盈余资金作为技术研发的基础。近年来，浙商企业普遍面临着融资难、融资贵等问题，银行和一般的金融业对浙商的实体经济支持力度不够，融资程序复杂以及对企业盈利指标等要求很高。而融资程序较为简单的民间借贷又存在着利率过高，风险较大的问题。这在客观上限制了企业的技术创新的步伐。此外，由于产品的原材料价格提升，企业劳动力报酬大幅度提高造成的总的人力成本升高导致企业难以获得高昂的市场利润，这进一步压缩了企业的研发资金投入，从而使企业进行研发投入资金总量下降。

（二）浙商企业管理创新所面临激烈的外部环境挑战

浙商企业在技术创新时，面临市场信息化的快速发展和经济全球化的外部挑战。由于技术创新的实质是知识技能积累到知识技能要素的组合再创造的过程，整体创新过程需要通过完善的企业管理创新体制，而其核心在于依靠创新人才、内外部信息融合、合作伙伴等具体的知识载体，通过有效的市场化管理、协调完成。特别是在技术创新过程中，由于高端研发人才的流失，企业在产品研发方面遇到很大的挑战。因此，更要围绕人才发展和人力要素整合等做好具体的人力资源科学化管理，通过制定有效的绩效考核机制加快人才的利用效率。很多跨国企业都是通过构建完善的企业信息化战略、人才战略来应对全球化的挑战。在信息化时代，产品的生产和销售过程更加透明，产品价值创造与信息流通相一致，这对企业的价值服务水平要求更高。这在客观上要求浙商企业加强对信息资源的管理、完善服务体系的流程。故浙商企业在进行技术创新时如何将产品技术转化为具体的社会生产力亟须思考。比如浙商代表企业娃哈哈集团近年来面临着现有产品的老化问题，如何构建智能生产体系，重塑品牌形象，通过管理创新加大新产品的市场投放，如何通过运用先进的管理经验、积极推动饮料行业的重新洗牌等都成了娃哈哈集团需要思考的重要问题。

第三节　浙商技术创新典型企业：娃哈哈集团

杭州娃哈哈集团有限公司创建于1987年，为中国最大、全球第五的食品饮料生产企业，在销售收入、利润、利税等指标上已连续11年位居中国饮料行业首位，成为目前中国最大、效益最好、最具发展潜力的食品饮料企业之一。2010 年，全国民企 500 强排名第 8 位。2015 年 3 月，娃哈哈集团卷入了米兰股权转让一事，据悉，宗庆后将会先买入米兰少量的股份，而在 3 年内持股比例将会达到 75%。2016 年 8 月，杭州娃哈哈集团在"2016 中国企业 500 强"中排名第 271 位。娃哈哈企业是典型的传统制造性行业，通过对浙商传统企业的发展历程详细分析其技术创新过程和管理创新过程，有利于深刻理解浙商的技术创新共同特征。

一、娃哈哈集团技术创新过程

娃哈哈始终坚持"以创新为动力源泉"的理念引领，积极开展饮料产品开发、包装材料可持续发展、机电产业探索等多领域创新，通过自主研发和产学研合作相结合，取得系列显著成果。娃哈哈将智能制造技术应用于实践，用以提升企业的生产效率，让高新技术为企业服务。娃哈哈通过技术创新完成了从自动化向智能化的转型升级，拥有智能化饮料生产线、菌种生产线等自行设计规划的智能工厂。2015 年，娃哈哈"食品饮料生产智能工厂项目"入选全国首批工信部智能制造试点示范项目，在打造食品饮料全数字化管控的智能工厂上进行了实践探索，填补了国内空白。

娃哈哈投资智能工厂的成功具有非常深远的意义。一方面，娃哈哈通过构建具有信息深度自感知、精准控制自执行、智慧优化自决策的智能工厂新模式，不但对饮料生产企业产品质量稳定性改善、智能化水平提升有较好的引领示范作用，也将对饮料装备制造企业转型升级起到积极推动作用，从而推动饮料及相关行业向安全、高效、绿色制造方向发展；另一方面，娃哈哈作为典型的快速消费品制造型企业，其技术的更新程度正反映了市场对企业产品的需求状况，也对其他饮料企业产生了积极的影响。

此外，娃哈哈的机电研究院还开启了在智能装备领域中的新产业探索，相继开发了码垛包装机器人、物料投放机器人等多种工业机器人。近两年，娃哈哈重点围绕工业机器人，开展智能装车系统、四轴机器人、六轴机器人研发工作，推动企业在智能技术及产业化领域的发展。

二、娃哈哈集团管理创新团队

为了实现团队在食品领域的技术进步和创新，娃哈哈建立了由博士、硕士等多学科、专业化科研人才组成的科研队伍，成立了集技术研发、产品创新为一体的综合性企业研究院。一方面，加强本土人才培养，强化娃哈哈内部人才研发能力提高；另一方面，通过与浙江大学、天津大学、中国科学院展开合作，先后承接了国家重大科技专项、"863 计划""国家科技支撑计划""食品安全检测能力建设"等各级科研项目 40 余项，获得国家、省、市各类科技创新奖 80 余项，拥有发明专利 40 余项。2018 年，娃哈哈凭借在培育新品牌、开发新区域、发力新产业等方面的积极创新，在由中国经济网、中国科学院预测科学研究中心主办的"2017 年中国年度经济新闻盘点暨颁奖盛典"上斩获"最佳创新贡献奖"。

自成立以来，娃哈哈就像是一部永不停转的"创新"机器，娃哈哈儿童营养液、纯净水、AD 钙奶、八宝粥、营养快线、爽歪歪……消费者们每年都能在娃哈哈品牌的产品线中看到令人耳目一新的全新面孔。这些附加值高、口感好的健康饮料一经推出，无一不引领了消费潮流，成为被大众所喜爱的"网红"产品。2018 年，娃哈哈重推了一款具有缓解视疲劳功能的晶睛发酵乳饮料。从娃哈哈儿童营养液这一保健食品起家的娃哈哈又一次重返保健食品"赛道"，此举引起了市场的广泛关注。随着消费升级，消费者对于食品的需求向健康、养生转变，娃哈哈已在健康营养方面加码发力，进行主业产品升级。娃哈哈生物工程研究所，以生物工程、中医食疗为基础，将传统中医食疗理念与现代生物工程技术进行融合，通过研发有益的菌种及中医食疗的保健食品与保健饮料，将食品饮料从安全转向健康，满足老百姓健康长寿的需要。

 案例分析

娃哈哈的企业发展成为中国改革开放以来食品工业发展的一个缩影。早期娃哈哈的产品主要是通过完善的销售渠道和有效的营销措施取得成功。而随着饮料行业的发展，功能化、定制化成为饮料行业未来的趋势。为此，娃哈哈加快产品技术研发力度，特别是智能制造技术的广泛运用为企业的发展奠定了基础。通过对市场竞争领域创新环节的管控有效地提升了企业技术创新的效率，降低了企业技术创新的成本。

第三章
浙商企业新时期创新创业的环境特征研究

中共十八大报告提出了我国应当加快实施创新驱动发展战略,着力构建以企业为主体、市场为导向、产学研相结合的技术创新系统体系。这一战略部署为广大企业坚持市场导向,不断加强企业技术创新奠定了理论基础。作为创新型代表的浙商企业在推动技术创新中也遇到不同的创新发展和市场风险问题。根据链状创新模型可知,创新企业内部的各个环节之间以及创新企业和外部环境之间存在着较大的信息反馈,各个创新企业之间能否进行信息交流成为创新企业成功的重要因素。特别是如何在不确定环境下凝练企业自身的价值和产品的市场定位,通过创新的产品和服务不断创造市场价值,以适应外部环境变化已成为浙商企业进行技术创新需要考虑的重要问题。随着全球化的发展和市场经济改革步伐的加快,生产要素的权重逐步降低,单纯地靠土地、资金等有形资本的经济增长模式已经难以持续;相反地,企业在注重内生经济增长的同时,需要不断提升技术创新的效率。在遵循市场规律的前提下,加大技术创新的力度。构建创新创业的良好文化环境和土壤环境,不断提升企业的文化软实力和核心竞争力,在价值创造的过程中构建符合社会主义经济发展的企业核心价值观成为企业需要考虑的核心内容。因此,深入分析浙商企业的创新环境特征,挖掘浙商企业技术创新过程和其自身特点成为研究浙商企业技术创新的重要理论基础。

第一节 浙商创新的内外环境不确定性

我国在全面深化改革开放的背景下,日益增强的外环境(政治、经济、文化、国际形势）等的不确定性成为浙商创新创业的外环境的重要特征。由于外环境的影响，导致了企业交流和合作机制变化、金融融资服务和融资担保体系出现变化以及人才流动等，这都可能对企业技术创新产生巨大的影响。从长期发展过程来看，浙商企业从事的产业领域多以劳动密集型产业为主，总体停留在相对低端的国际产业分工。产业层次局限于低技术领域，大多通过产品的低价格获得市场优势以实现市场的开拓。浙商企业往往通过加快技术优化升级，培育和提升新的核心竞争能力，在技术创新过程中，从技术开发、样品研制再到产品商业化销售等具体环节，浙商企业都更加关注外部市场和国际环境的变化，注意提高外部资源利用率。根据企业掌握的相关内部资源信息，包括技术积累状况、研发人才储备、研发资金投入以及企业的外部信息包括竞争对手水平、技术的稳定性、新产品的预期市场收益等都成为浙商企业的重要关注方向，从而把握技术创新的启动时机。

一、恶性的行业竞争制约了技术创新的发展速度

由于技术创新过程较为复杂，且风险高、周期较长。故大多企业依然习惯于将"低价格"作为企业的市场竞争优势：一种途径是通过压缩产品的生产成本，而非提高产品附加值来提升企业利润；另一种途径是通过降低产品质量或者减少必要的生产环节以获得价格优势，从而提升企业利润。每个企业都全力追求成本最优或者超越对手才能在市场上立足。浙商企业正面临着更加日趋激烈的市场竞争：一方面，由于浙商企业的产品在市场认可度较高，产品质量较好，品牌的市场影响力较大，许多国内其他同类产品企业则加快对浙商企业产品的模仿程度，并通过走产品低价路线同浙商企业竞争低端市场，为了抢占市场份额为目的将产品以低于成本的价格进行倾销，从而产生无序的市场竞争；另一方面，浙商企业在技术创新采纳环节，缺少对引进先进技术的吸收和消化，客观上限制了技术创新引入市场的力度，而国外竞争企业对新产品的研发力度加强，技术采纳环节完善，能有效吸收相关技术，进一步缩短产品的创新周期，提升产品的科技含量和市场竞争力，并通过高端市场路线同浙商企业竞争高端市场。国内外竞争企业对低端市场和高端市场的双向竞争进一步压缩了浙商企业的固有市场份额。为此，浙商企业需要进一步树立卓越的创新意识，并将产品

价值创造作为企业技术创新的原动力,加强技术创新采纳,加快现金技术的吸收和利用。

二、企业技术创新周期长,资金投入量过高

加强技术创新是企业延长产品生命周期的必然选择,处于不同发展阶段的企业具有不同的生产能力和特性,故需要根据企业的实际情况进行创新发展战略。根据产品生命周期理论。在企业成长初期,由于企业的资金技术缺乏、研发条件有限,往往采取投入少、风险小的追随战略进行产品创新。而在成长后期和成熟期,由于资金充足和技术积累雄厚,往往采取投入多、风险大而收益丰厚的自主创新战略。根据本课题组在2018年1~5月对286家浙商群体的一份随机抽样结果显示,超过72.5%的浙江企业由于资金投入不足,难以开展完全自主创新,故在产品创新上多以模仿创新为主。特别是某些中小型企业,投入的研发资金虽然相比其他国内企业有所提高,但企业在研发过程中仍然面临着巨大的失败风险。而由于企业的整体税负和社保之处成本较高,进一步降低了企业的平均利润率,客观上降低了企业开展技术创新的动力追求。特别是近年来在中国经济整体发展放缓的背景下,部分地方税费征管更加严格。企业用于技术创新的资金量进一步缩减。此外,企业的融资渠道较为单一,大多通过银行等金融机构。而中小企业受限于规模要素等,许多企业还面临着融资难、融资成本高等突出问题。

首先,在企业技术创新过程中,企业的创新能力成为企业发展的核心竞争力。而创新能力的提高往往需要企业加大资本的投入,故不少企业拟采用风险投资的方式提升企业的创新能力,以期减缓创新风险。然而,风险投资需要考虑的市场因素较多,而外环境的不确定性客观上也限制了企业的投资力度。特别是中国的资本没有形成市场平均利润率,资本往往流向利润率高的竞争性行业(如房地产业)。其次,在执行税收抵扣政策时存在对企业员工工资总额的限制,而创新要素主要是人力资本,这客观上提高了人力资本。再次,缺乏鼓励和支持创新的政府采购政策,这限制了企业的产品市场范围。又次,退休和社会保障政策存在一定的局限性,这同样影响人力资源。最后,对社会文化和教育环境存在一定的限制。当前的教育体系不鼓励创新,缺乏开拓精神。可见,这些外部因素的不确定性造成企业技术创新周期较长。

三、人才流失和信息不对称性的制约

企业在进行创新产品研发时,缺乏有效的研发信息来源和沟通渠道。一方面,企业对外部相关科研机构的研发能力和研发现状并未完全充分了解;另一方面,科研机构对企业的实际市场需求也不是很了解。这种双向的信息不对称性造成了如企业和科研机构缺乏有效的沟通,导致了很多创新合作伙伴在技术创新中并未取得预期的结果。由于企业技术创新的目的是将知识技能通过积累转化为创造性的知识应用于实践的过程。这一过程需要依靠人才、信息和合作伙伴等知识载体予以实现。企业技术创新需要建立庞大的人才队伍,既要包括卓越的技术研发人员,也需要具备优秀的管理人员,通过优秀的管理团队为研发团队提供更加优质和便捷的科技服务。然而,当前不少的浙商企业普遍反映由于东部沿海城市包括上海、广东、江苏等省市所建立的人才战略相比浙江省在人才政策方面更加灵活,这些地域对高端研发和管理人才吸引力度较强。而浙商同行间在人才资源获取方面甚至出现相互挖人才的情况,客观上导致了不少企业优秀的研发人员和高端管理人才都纷纷向其他的省、市转移,特别是省内企业研发人才尤其是高端研发人才短缺成为导致企业技术创新遇到巨大瓶颈的核心因素。可见,浙商在企业技术创新过程中需要通过采取必要的政策减少人才流失,进一步提高浙商的技术研发人员和管理人员的待遇。进一步加快企业信息化建设,推动企业知识共享能力的提高,避免由于信息不对称性对企业技术创新所带来的负面影响。

四、政策支持力度和产权保护措施有限阻碍了企业技术创新步伐

对于某些特定的行业(如高端制造业)为了保证技术在市场的兼容性以及保障消费者的权益,政府会强制介入加强对市场的管制。即在某一特定法律框架下选择一个政府主导设计,通过设定产品标准化或流程标准化作为特定的技术标准。而标准化的过程是生产技术设立需要达到的具体水平或者相应的生产技术标准。虽然政府出台了一系列的政策措施鼓励企业技术创新,但是很多企业对政府推动创新的具体优惠力度以及包括的内容并不了解。许多围绕企业技术创新在税收、社保等方面的优惠政策难以得

到具体落实。政府对行业监管的另一项措施是对企业产品专利权的保护。当前,受限于不同的财政收入状况,浙江省不同的市、县政府对所在区域的浙商企业技术创新优惠和奖励政策差别较大,这在一定程度上影响了浙江省对企业技术创新鼓励的一致性。特别是由于当前国内整体对企业知识的产权保护力度不够,相关的法律法规不完善,具体对知识产权保护政策的执行标准和执行力度也存在一定的差异。此外,不少浙商企业对国家的知识产权保护制度和商标注册制度认识不足,专利意识和品牌商标保护意识不强,不善于运用专利制度来保护自己的创新成果。在技术创新的过程中,本该围绕创新成果申请专利的技术成果也没有及时申请专利,反而被其他企业及时模仿,最终导致原企业的创新成果并未得到市场的广泛认可而失败。此外,企业提升独立知识产权的关键是对人才尤其是高端研发人才的获取和竞争,当前浙商企业间对高层次人才的相互恶性竞争、企业对其他产品的模仿创新过程导致的对其他企业知识产权侵权行为,则严重影响到浙商企业技术创新的积极性。

第二节 浙商技术创新的多维特征

浙商企业在技术创新过程中,往往通过产业集聚效应,围绕某一特定行业,使企业间形成有组织的自由联合,通过联合来加强知识共享、价值共创从而形成多维度组织网络。在浙商企业进行产品研发过程中,通过网络集聚效应形成研发整体远大于单独个体之和的系统效应。特别是浙商企业在技术创新过程中,坚持将内部资源和外部资源相整合的研发路径。在研发合作过程中,往往同其他组织(包括许多大学、科研机构等)建立了良好的合作关系,从而弥补浙商企业自身在知识储备、技术能力以及资源配置方面等的缺陷,不断通过产学研一体化路径加快企业的技术创新。此外,浙商企业在技术创新过程中往往具有明确的市场战略,期望通过外部要素整合加快技术创新步伐,通过构建完善的组织结构、加快创新决策过程,并积极调动企业的各种创新资源包括人力资源、资金和创新投入、管理团队等优化资源配置,强化企业自身在产业价值链中某一环节的绝对优势,聚焦并强化自身核心能力,专注并聚焦于某一细分市场领域以促进企业技术创新。相比其他企业的技术创新过程，浙商企业在技术创新过程中既具有某些共性，也具有体现浙商企业在价值创造过程中的许多个性特征。

一、浙商技术创新过程具有复杂性

技术的变革和发展能够为企业创造新的价值，特别是某些企业专利性技术能够作为企业的技术壁垒，阻碍其他企业进入市场形成局部市场的寡头垄断，从而为企业带来巨额的经济效益。因此，企业的某些技术特别是核心技术往往能够被极少数人或团体深入了解和掌握。随着市场的发展，企业需要不断研发具有体现企业自身价值的特定生成技术和工艺流程等（见图3-1）。

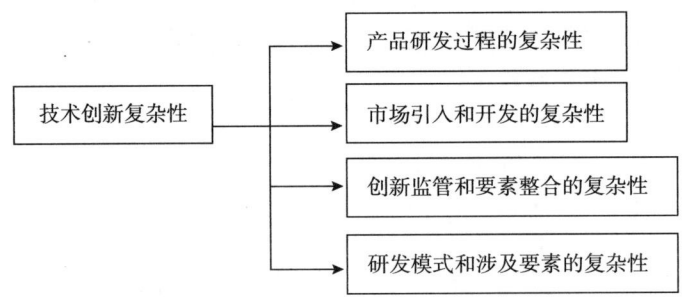

图 3-1　企业技术创新的复杂性组成

首先，新技术的研发周期较长，研发过程具有一定的难度，需要企业花费较长的时间和较大的精力才能予以充分掌握；其次，如何将新技术进一步引入市场开发并推动新产品销售，需要花费更长的时间；再次，企业的技术创新活动客观上需要对市场进行有效监管，加强有效的资源整合包括生产资源、人力资源、其他要素等从而完成具体的技术实践应用；最后，从企业技术创新的实践过程来看，浙商企业的技术创新过程同样具有复杂性。一方面，浙商企业在技术创新过程中，普遍在企业内部建立了相对完善的技术研发机构，往往通过有效的制度安排，创新产学研的合作模式、搭建高效的技术平台，整合高校、研究机构和企业双方的资源，实现上下游资源的对接以及资源的共享，创新的范围和模式较为复杂；另一方面，浙商对企业的技术创新过程涉及企业自身、政府、其他关联企业、研发人员、管理人员等不同类型的人员群体和组织，涉及的技术要素和管理要素也更多、更为复杂，而浙商企业在技术创新中与这些群体要素的联系也更加紧密。

二、浙商技术创新过程是长期实践和系统学习的统一

学习效应是指人们在重复进行某项具体的工作时，会在重复工作中积极汲取工作经验，针对具体工作情况不断改进工作方式和改善工作方法，从而提高工作效率并降低成本。一方面，企业技术的学习很多是隐性知识，这一知识并非能直接掌握。相反地，学习这种技术知识或技能的唯一方法是通过不断的领悟和学习，在实践中予以改进。另一方面，企业的隐性知识和专业技术是一项高度个人化的知识和技术，有其自身的特殊含义，很难简单地规范化，也很难直接传递给他人。这就需要企业在学习过程中积累经验，不断改进自己的技术开发和应用方法，提高技术开发的效率和应用水平，以获得市场的先发优势。而对于后进入某一市场的企业而言，由于学习效应的门槛作用，其研发和应用效率相比先发企业都存在较大差距。这一效应的存在表明原始创新对企业意义重大。因此，浙商企业在创新实践过程中就需要不断加强对员工的培训和教育，通过各种途径加强企业员工的学习，不断提升员工的知识能力和结构，构建完善的学习型组织。在技术创新过程中普遍重视人才的储备，对于高端技术，往往聘请国内外顶尖人才和高水平人才推进相关技术的广泛应用；而对于改进企业产品生产、产品改造等某些实务类工作，浙商企业善于对生产问题及时进行学习和总结，在实践中往往返聘具有丰富经验的工程师，针对企业管理中出现的某些具体问题，积极聘请国内知名学者或专家予以解决。

三、浙商技术创新过程具有动态性

从创新本质来看，浙商的技术创新具有多元性和内在动态性。其中，多元性指的是技术创新的类型、创新方式、创新要素是多元化的；内在动态性反映企业技术创新是一个内部驱动过程，并随着时间的变化而变化。特别是浙商技术创新的内涵与性质也随着经济和外环境的变化而不断演变。例如，浙江万向集团从最早的单纯贸易型公司根据市场发展变化成长到如今的多元化经营集团，其营业的范围和销售额度都有了较大的增长。此外，

企业技术创新过程的动态性意味着在不同的时间段企业所采取的创新模式、创新构思以及创新实践都有所变化。

从创新发展过程来看，浙商企业在技术创新过程中往往以企业特定的技术作为发展基础，针对行业发展方向和企业发展目标，对特定的产品和服务建立相应的技术标准和行业标准，并随着相关标准的提高，对技术予以革新，保证技术的发展具有一定的过程性。一般而言，浙商企业的技术发展随着时间的推移，有不断提高的趋势，创新动态性呈现递增效应。如浙江爱仕达集团响应中央号召，积极推动供给侧结构性改革，加强技术创新力度。早期主要以产业投资为主，而近年来，在多个领域加强技术创新以适应市场的多元化需求，形成包括炊具、厨房小家电、汽车零部件等为一体的多种业务，用实际创新行动成为中国炊具行业的龙头企业，公司生产的炊具市场占有率和出口量常年稳居行业第一。

四、浙商技术创新能力和创新成果的动态平衡

由于企业技术创新具有一定的溢出效应，即一个企业的技术创新对其他企业的创新发展具有促进作用。从社会角度出发，某企业的知识溢出效应越大，其对其他企业的技术创新能力影响越强，知识传播和溢出效率越高，其他企业的技术创新发展速度提高也越快，社会生产效率和资源配置最优；从企业角度出发，企业自身研发的新技术引起的知识溢出越少越好，这样才能保障企业的技术壁垒效应。故社会需要在知识溢出和成果之间寻求平衡点。而知识的溢出与企业技术创新能力密切相关。浙商技术创新能力是浙商综合运用企业内部的有效资源包括生产资源、研发资源、人力资源、营销资源等进行技术创新的具体能力，体现在多个维度，包括在创新过程中的研发能力、知识能力、资源整合能力、优化能力等（见图3-2）。

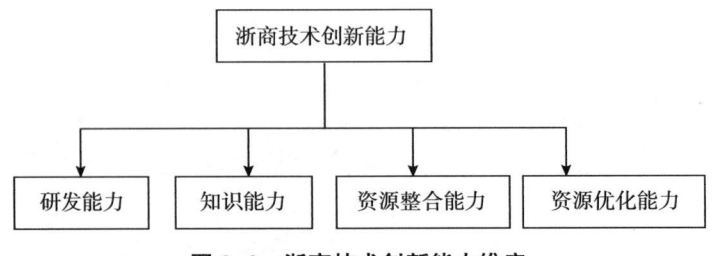

图 3-2　浙商技术创新能力维度

而浙商的技术创新能力集中体现在其知识整合能力方面,通过快速的知识学习,掌握并运用产业技术知识,推动技术创新活动的实现。浙商技术创新能力成为浙商从事技术创新活动的基础和取得成效的决定性因素。浙商的创新成果也依赖于浙商的技术创新能力,两者在一定条件下相互补充,动态发展。共同推动浙江经济的发展。

五、浙商技术创新的高风险性和高投入性并存

浙商在技术创新时往往对产品的研发投入成本较高,通过资本投入、技术人才引进等的高投入以加快创新产品的研发效率。而企业技术创新的核心是寻求某一产品在市场的未来发展过程。这一发展过程往往是非确定性的,与政治环境、法律环境、社会环境等密切相关。而企业在技术创新过程中还需要整合企业内部的各种资源,需要企业针对内环境的变化及时对相关资源进行整合优化,这一过程往往伴随复杂的企业决策过程。由于企业研发中涉及管理、营销、技术、市场等多个部分,每个部门的信息并不完全对称,导致企业在决策中存在着偏差。因此,浙商企业面临着巨大的市场风险,构建企业技术创新的模型,可知:

假定企业创新项目的资金投入量为 M,风险变量为 R,项目投资失败的概率为 I,其中,$i=1,2\cdots$ 则企业技术创新的风险指标模型如式(3-1)所示:

$$K_i = \int_0^t M_i dt \cdot \sum_{i=1}^n I_i \quad (3-1)$$

说明企业投资成本随着时间积累效应的累计投资量逐渐扩大,市场风险较大。企业技术创新的风险很大,即使是在发达国家,成功率也往往低于30%,而在将产品投入市场后商业化的概率为60%~80%。我国的高科技成果的商业化率仅为25%左右。目前,浙商企业的技术创新面临的风险主要包括:其一,技术风险。在技术研发过程中,由于存在着产品专利等外部的技术壁垒,一定程度上增加了市场研发的难度。另外,由于许多企业对知识产权的保护意识相对单薄,造成产品跟风模仿问题严重,一定程度上限制了企业的研发。其二,市场风险。主要是市场外环境的变化,由于市场的需求在不断变化中,市场需求的不确定性导致了技术应用于产品并投放到市场后的市场不确定性。特别是当新产品进入市场后往往需要消费

者和市场接触的时间,这就有一定的时间滞后性。其三,资金流风险。由于研发投入资金量不足或者外部融资苦难导致难以确保持续的资金投入,特别是一旦资金链断裂往往导致创新失败。其四,人才风险。由于人才的流动,会造成经验技术的改变甚至是某些创新的转移,一定程度上限制了原有的创新途径。

第三节 浙商技术创新的探索性战略

经济新常态下,中国的经济从高速增长转为中高速增长,经济增长方式从典型的要素驱动、投资驱动转向创新驱动,经济结构不断优化升级。如浙江在经历了1978~2003年GDP年均增长13.1%的高速增长阶段后,2004年开始逐步转为中高速增长。浙江省不断推进创新型省份建设、围绕资源配置方式加快"绿色浙江"建设、围绕数字技术的发展不断推动"数字浙江"的建设。区别于其他省份,浙江经济在发展过程中特别注重城乡和区域同步发展,共同富裕,城乡区域差距不断缩小。2017年底,浙江省的城乡居民收入倍差缩小为2.054,为全国最低。随着"双创"政策(大众创新、万众创业)在企业的全面推动,乡镇企业已经成为浙商企业的重要组成部分。浙商企业如何构建新的技术体系成了新的问题。因此,在经济新常态下,如何做好企业转型升级成为浙商企业加快技术创新发展的重要探索性战略。要加快浙商企业的转型升级,一方面,需要强化企业技术创新的主体地位,增强企业产品研发和技术研发的社会责任,强化企业的绿色创新价值取向,节能减排,推动绿色产品研发、绿色转型;另一方面,需要企业加快管理创新,通过优化管理和运营制度优化资源配置方式,构建企业技术创新激励机制,完善人才引进和培养体系,推动产品研发效率和研发质量的提升。

一、技术创新推动企业转型升级

浙商企业在产品研发和生产过程中往往植根于某一行业的具体领域,围绕某一细分市场不断加快技术研发和管理创新,从而使产品在同行业领域中居于市场领先地位。而浙商并非故步自封,具有创新精神的浙商倾向于通过提升自己的技术能力和研发能力,围绕某具体领域不断拓展自己的经营边界,在增强行业内涵的基础上不断扩张行业外延,更加关注企业技术水平和研发能力的提升,乐于针对可能的研发短板和技术短板采取探索型战略以规避市场风险。例如,万向集团前董事局主席鲁冠球生前最后一次接受新华每日电讯记者采访。当记者问道:"万向集团下属的中国工厂和美国工厂相比,差距主要在哪里?"他脱口而出:"细节。"比如,操作规程有规定,一个零部件在生产线传送过程中是不允许工人去触摸的,但是国内的工人总是会不经意地拿手去碰一下。另外,义务的商人工作非常努力,将产品销往全世界,实战能力很强,分工很细,倾向于生产同一种类型的产品,善于降低产品成本、薄利多销,形成探索类创新的优势。

在浙江省"八八战略"的引领下,推进经济转型升级、实现创新驱动发展的实践。浙商企业的整体转型升级已经初具规模。从原先企业高投入、高消耗、高污染的粗放型增长模式,逐步迈向以创新、协调、绿色、开放、共享理念为主导的企业集约型增长模式,开辟了企业技术发展的新征程。例如地处富春江畔的富通集团在2003年以后经历了三次转型升级:第一,从最开始生产铁芯电话线到生产通信光缆、数据电缆;第二,实施光纤通信产业和能源电力线缆传输产业"双主业"布局;第三,投资建设全球单体规模最大的光通信全产业链项目。经过15年的转型跨越,该企业已经成为了全球互联网基础传输材料光纤通信产业的领军企业。如今富通集团光通信产业占中国市场份额超过了20%,占全球市场份额已达10%。可见,富通集团的转型过程从典型的高资金投入向典型的高技术转变。

二、浙商强烈的社会责任感内在推动了社会的进步

浙商具备强烈的社会责任感,其创新过程集中体现了社会主义核心价值观,通过实践不断积累社会财富,创造就业岗位,促进经济和社会发展,为综合国力的增强做出了重要的贡献。如传化集团公司董事长徐冠巨主张和强调以社会责任感为统领,通过创新技术研发,构建第四方物流,降低物流企业寻货时间、降低运输成本和提高经济效益。同时,还通过清洁城市环境、理顺市场秩序和创造财政收入,同时自己也获利。而这属于典型的内部驱动模式,即通过社会责任感的提升,将社会责任与企业发展目标

相协调，加快企业技术创新的速度，通过技术扩散和技术转化，推动企业资源配置方式的转变和企业产品的生产，最终通过市场化的手段促进产品的销售，从而为社会创造更多的市场价值，推动了市场的进步，这种企业推动社会进步的内在动力型力量如图3-3所示。

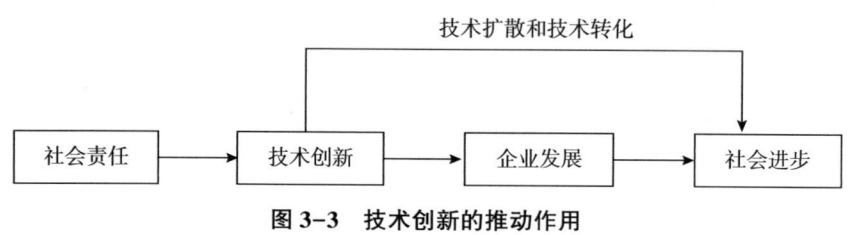

图3-3　技术创新的推动作用

三、管理创新推动企业不断发展壮大

企业在技术创新过程中，需要通过创新一定的管理机制加快技术创新的步伐，即管理创新。在特定的时空条件下，通过计划、组织、指挥、协调、控制、反馈等手段，对系统所拥有的人力资源、组织资源、资本要素、创新信息、能量等资源要素进行再优化配置，并实现人们新诉求的集人力流、组织流、资本流、信息流、能量流为一体的目标活动。管理创新的目的是优化管理过程，最终通过组织形成创造性思想并将其转换为有用的产品、服务或作业方法的过程。即富有创造力的组织能够不断地将组织的创造性思想转变为某种具体有用的结果。当管理者需要将组织变革成更富有创造性的时候，就需要激发各个管理环节加快创新。

管理创新是指企业把新的管理要素（如新的管理方法、新的管理手段、新的管理模式等）或要素组合引入企业管理系统以更有效地实现组织目标的活动。浙商企业的管理创新更多的是从资源配置的角度，运用新的管理方式应对外环境的变化。例如，盘石公司从2003年起作为浙大盘石计算机互联网软件事业部起步，随后推出盘石网盟并不断升级，发布"盘石全球新经济平台"，从品牌建站、精准营销、诚信、跨境、金融等多维度"一站式"闭环式解决了中小企业互联网营销转型难题，目前加盟合作网站累计超过40万家，成为全球影响力最大的中文网站联盟之一。公司创始人田宁在2012年被世界经济论坛（WEF）授予"全球青年领袖"称号，随后逐步把重心转向了全球市场。2014年，盘石全球移动联盟推广平台正式上线，并快速在欧洲和东南亚等地建起20多家分公司和办事处。目前，企业重点做移动端的内容，让全球的文化信息无缝连接。帮助更多的企业"走出去"，产品要"走出去"，品牌、服务、文化更要"走出去"（见图3-4）。

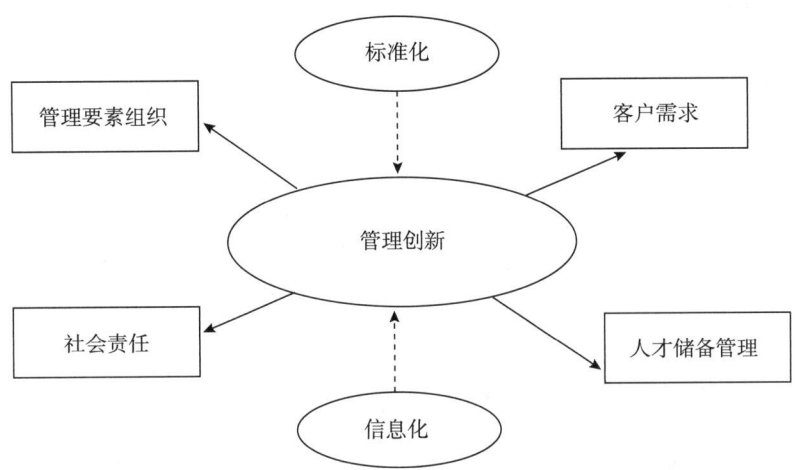

图 3-4 管理创新和现代服务业科技创新体系

由于技术创新固有的复杂特性，浙商企业往往坚持技术创新和管理创新相结合手段，推动产品研发和技术的变革。首先，浙商企业往往根据市场营销实践，坚持管理思想理论上的创新。以浙商为代表的企业家一方面对中国古代管理学思想非常推崇，包括老子的"无为而治"等思想在管理学中都有所体现；另一方面，在思想理论上又不拘泥于古代管理学理论，相反地将中国古代管理学理论和现代管理学理论相结合，并且结合与浙商所面临的具体实践问题，在管理思想理论上取得新的突破。浙商的许多管理学创新来源于具体实践，其管理创新在于：

其一，浙商始终将客户需求作为企业工作的中心，坚持从客户导向的创新到超越客户导向的竞争新思维。特别是由于商业模式和商业环境变化迅速，企业不仅面临现有的市场份额的变化，更重要的是面临未来的市场变化和挑战。另外，浙商企业在技术创新过程中面临的知识更新速度较快，企业需要对管理知识也予以及时更新。

其二，浙商始终将社会责任作为企业发展的根本。一方面，企业通过有效的管理创新，以合作、协调和一定的制度保障为基础，实现了企业发展与社会经济、外部环境、社会发展的协调统一；另一方面，浙商企业以社会责任为导向，不断倡导创新精神，激发了管理创新意识、引导了企业技术创新方向，并鼓励企业加快管理制度的优化，通过具体管理创新行为，不断提升企业的技术创新能力。

其三，浙商在企业发展中往往将人才作为企业发展的重要基础。通过全面的绩效管理和优化人力资源相结合，提升人力资源的管理效率。一方面，浙商企业坚持将绩效管理和公司战略有机结合，变静态考核为动态管理；另一方面，浙商企业非常重视企业人力资源，经常通过各种途径组织学习、加强知识管理和加强员工的协作能力从而应对知识经济的挑战，将现有的组织、知识、人员和流程与知识管理和协作紧密结合在一起，在最大限度上发挥人力资源的优势。

第四节 浙商技术创新典型企业：宁波水星环保科技有限公司

宁波水星环保科技有限公司由卓晨光先生创办，立足于甬城宁波国家技术产业开发区（以下简称宁波国家高新区），始终致力于安全、环保、新材料领域的研发与投资。经历20多年的拼搏，造就了水基系环保灭火剂技术，产品赶超美国，以民族领军企业的权威形象赢得国际荣誉。经过十余年科学缜密的研发，造就了植物型环保灭火剂技术，在多个国家获得发明专利，国际、国内殊荣不断。应用该技术生产的灭火剂在性能上优于美国同类产品，达到世界领先水平。公司位于浙江省慈溪市，集研发、生产与销售为一体，主要产品有MI植物活性阻燃灭火剂、灭火器以及相关产品。M1植物活性阻燃灭火剂作为水星的核心产品，由植物提炼而成，灭火等级已达到世界领先水平，取得国际无毒认证，参与国家火炬计划项目，荣获中国星火计划金奖。

水星一号植物活性阻燃环保灭火器是水星公司自主研发的产品，在灭火性能上，具有稀释阻燃、吸热降温、隔氧隔热、高效灭火、不易复燃等特点，适用于各类火灾；在材料上，采用天然植物萃取，环保无毒，清理简便并且无后顾之忧，也可直接喷涂于肌肤，作为湿润剂有效阻燃在火场逃生；瓶体通过美国交通运输部 DOT 认证，耐高温、不泄漏、不爆炸、可多次重复使用；产品小巧轻便，操作简单，随取随用。目前该产品是国内唯一取得德国本土 MPA 认证的小型灭火器，G20 峰会、世界互联网大会指定灭火器。水星一号企业的精神是"和合共生"，其经营理念在于高素质、高品质、高成就、好产品、好服务、好品牌。其愿景为世界开启生命绿色通道。水星拥有完备的科研团队，其中中科院物理化学博士潘建国和刘洪超作为研究顾问，帮助企业技术创新引领方向。产品的技术创新还聘请品牌领域知名专家于海发作为品牌顾问，负责品牌发展方向。

目前水星一号系列产品获得中国星火计划金奖，并获得包括中国、美国、德国、英国、日本、澳大利亚六国国家发明专利。参与国家火炬计划项目。M1 植物活性阻燃灭火剂保质期长达 6 年，灭火速度 8~10 倍标准速度。而且可以完全进行生物降解，具备优良的洁净性能，能够有效消除火场浓烟和有毒气体。

 案例分析

宁波水星一号有限公司将企业技术创新的动态发展作为企业的核心，坚持研发要素和研发资金投入，加强人才队伍建设，特别是高层次人才队伍建设，充分发挥人才的创新能力。企业不断地加强与产品研发团队的合作，以社会责任为企业发展目标，强调企业的社会责任感，围绕社会的技术研发需求，坚持高品质产品经营理念。在企业技术研发过程中，始终推动高新技术产品研发，坚持高品质产品研发，不断提高产品的科技含量，并将其作为区别于其他产品的重要差异。

第四章
新常态下浙商的困境和选择

中共十八大以来,中国的经济进入所谓的新经济常态(以下简称新常态)。这一经济形态区别于以往的经济发展态势。经济新常态的主要特点有以下三点:其一,国家宏观经济增长速度从高速增长(10%左右)转为中高速增长(6%~7%);其二,国家的宏观经济结构发生变化,以服务业为代表的第三产业发展迅速,不同类型产业的经济结构不断优化升级;其三,企业发展由资金要素驱动和投资驱动转化为创新驱动。特别是随着信息产业发展所衍生的电子商务产业的巨大变革,中国企业面临着"实体经济+信息经济"的格局为企业发展带来了新的要求。因此,浙商如何应对产业结构调整和企业重组的挑战,转变企业经营思维成为浙商生存与否的前提和基础。经过多年的发展和商业实践活动,浙商企业已经习惯于投资拉动型的传统经济增长模式,在企业技术创新中所采取的创新策略和模式也趋于一致,往往采取跟随创新或者模仿创新的方式。随着经济新常态的发展,浙江省内企业在经营过程中出现了一些显著特征,包括实体特色产业的块状经济特征显著。其一,面对整体经济增速下滑的外部风险和出口难度提高,许多浙商企业由于固有的生产模式相对落后、自主创新能力相对较为薄弱、管理人才和技术人才尤其是高层管理人才和高级研发人才短缺,不少浙商企业的创新模式大多还停留在模仿创新阶段,不具备研发核心技术的能力。其二,由于文化背景和知识能力的缺陷,部分企业主的综合素质有待进一步提高,早期的很多浙商企业主大多是农民出身,文化基础薄弱、知识能力有限,更多的是靠商业悟性和较好的机遇。因此,其产业视野相对较为狭窄,往往只关注企业的短期效益、忽略企业的长期效益,很多时候企业主不愿投入较高的研发经费以避免研发风险或者减少企业研发成本。其三,企业发展模式受到外部市场的影响,企业面临日益激烈的市场竞争,与企业技术创新相关的管理体制有待进一步提高。而在经济新常态下,浙商面临着一定的市场困境和新的市场选择，这就需要浙商企业重新调整市场战略措施，围绕市场加快企业发展。

第一节　经济新常态下浙商的困境

经济新常态下，实现管理创新与技术创新是浙商有效应对当前资源环境要素制约、人口红利消退、市场需求不足，提高企业发展质量、效益、激发和增强经济发展的内生动力。然而，作为资源小省，浙江省在新时期面临着产业结构调整和资源的优化整合，这就需要重温浙商发展的动力过程。回顾历史，1978年后，浙商的发展主要围绕轻工业构建富有特色的小企业、集体企业和加工业，这称为浙商发展的主要类型。到了1998年亚洲金融风暴后，浙江与国外的经济联系更加紧密，浙江又成为全国重要的外贸省份，加工业和外贸成为浙江经济的重要支柱产业。随着2000年以后，电子商务和大数据技术的快速发展，电子商务、云计算等为代表的新型电商产业成为浙商经济发展的重要支柱产业。包括阿里集团在内的众多浙商代表性企业在新一轮的电子商务产业发展中取得了令人瞩目的成绩。随着中国进入全面深化改革时期，新常态成为中央对于当前经济发展阶段性特征的基本判断和未来一段时间宏观经济政策的基本态度（李建波，2014）。浙商在新常态下面临着许多现实困境，包括浙商的融资问题、浙商企业的生态环保问题等重要问题。

一、融资困难与企业家更新换代难题

从经济学角度来看，社会经济要想取得长远发展，实体经济和金融支持都需要壮大，并且进行系统性的合作。特别是实体经济的发展离不开金融行业的支持和保障。由于企业技术创新是一个周期长、投资大的过程，需要大量资金作为研发基础。因此，浙江企业在技术创新中面临的一个最大问题就是企业融资问题。虽然浙江很早就出现了民间金融业，通过民间借贷，方便企业进行融资，但民间借贷利率远远高于市场利率，从长远来看会影响企业的发展。随着国家对"一带一路"倡议的实施，越来越多的

浙商看准海外投资"蓝海","走出去"的意愿和步伐都在加快。然而,"走出去"的许多企业在海外遭遇了融资难题,特别是海外拓展的大部分资金几乎都靠企业自筹。例如,海润国际自2006年入驻吉尔吉斯斯坦比什凯克自由经济贸易区以来,近几年来企业走上快速发展的道路,目前在开发区内已有12条生产线,拥有PVC扣板及配套装潢材料、PVC/PP-R水暖管材管件等4个项目,年营收增长率超过30%。但是当地融资成本高达18%至24%,且需要大量不动产做抵押。特别是浙江企业在境外银行做抵押融资时也常常遭到拒绝,因为相关抵押需在外管局登记并且一旦企业在境外无法还款,境外银行处置企业所抵押的境内资产手续烦琐且成本较高。随着浙江经济的转型升级,未来这一融资困境将进一步增加。

从企业属性来说,浙商企业往往源于家庭作坊式生产壮大,许多企业属于典型的家族式企业,其管理模式也往往停留在典型的家族式管理。浙商企业的发展更多是通过第一代企业家的奋力拼搏,缺乏制度化的传承。如浙商一批知名企业家,包括万象集团的鲁冠球,杭州娃哈哈的宗庆后都是20世纪40年代的人,第一批草根性企业家虽然学历不高,但通过吃苦耐劳、踏实肯干的精神取得了令人瞩目的成就,然而如何将权力和责任交给第二代,让新一代浙商接棒老一辈企业家成为浙商群体需要思考的重要问题,也是迫在眉睫的传承问题。首先,虽然第二代企业继任者在知识储备方面相比第一代企业家有了一定的知识积累,但是由于第二代企业家所面临的市场环境以及基层实践经验相比,第一代企业家有较大的欠缺,特别是如何与第一代公司核心领导层进行交往沟通是一个重要问题。其次,第一代企业家治理下的企业历经几十年,企业的业务和人员构成都已经呈现老化趋势,面对激烈的外部市场竞争,企业如何转型,充分发挥自身优势已成为企业生死存亡的重要环节。特别是家族企业的绝对控制权在家庭成员中,企业在做产品研发决策时,往往通过衡量决策所带来的风险损失。特别是由于企业的技术创新往往是高风险、高回报的项目,项目一旦失败,整个家族会面临巨大的风险和财富危机。此时,企业的投资决策往往倾向于保守稳健的投资种类。最后,企业家如何进行传承对企业的未来发展有着重要的影响。老一辈企业家如何有效放权,如何将权力移交给第二代甚至第三代企业家也是企业传承发展的重要环节。不同企业家的企业发展思路、创新战略等对企业创新资源的有效整合以及政府的政策支持力度等都可能有很大的差异,客观上对企业创新研发强度有着较大的影响。为此,新一代企业家如何站在历史的高度，围绕新时期企业发展战略，积极结合企业自身状况通过技术创新和管理创新，以全球化视野推动实体经济焕发新活力成为浙商在新时期的使命。

二、企业技术创新和生态保护

实体经济的蓬勃发展是中国社会经济发展的核心和基础。"中国制造"已经成为中国实体经济发展的代名词。然而，改革开放40年，"中国制造"在为中国经济社会发展做出卓然贡献的同时，付出了过高的资源和环境代价。中共十八大将生态文明建设上升到了国家战略高度。近年来，国家对企业如何构建生态文明，加强生态保护保持高度关注。2015年7月，习近平召开中央全面深化改革领导小组第十四次会议，会议通过了《生态环境监测网络建设方案》《环境保护检查方案（试行）》等多项关于生态文明建设政策，并指出"必须加快推进生态文明建设"。实施生态环境管理实践成为企业管理实践中必不可少的活动。

根据美国 Millennium Institute 构建的中国 T21 模型预测，按当前资源消耗的速度，全世界的资源也只够中国消耗74年。可见，传统以高耗能、高污染为代表的经济模式增长不适于中国经济的可持续发展。当前经济发展方式的转型是指以改变传统粗放型的经济增长模式，实现经济—资源—环境的可持续发展。这对加快企业技术创新，推动企业可持续发展奠定了理论的基础。而从消费者市场来看，由于产品供给的增多和消费者需求层次的变化，传统的消费者市场容量逐步下降，这就对企业产品层次提出了新的要求。

企业技术的创新更加关注企业通过产品、工艺和管理等方面的创新实践，将环境问题整合到公司战略中以获取竞争性市场优势。浙商作为中国企业的典型代表，首先，其技术创新讲究技术运用的可持续发展。比如，阿里巴巴集团自创始以来，一直强调企业提供的产品在整个生命周期使用最少的自然资源和释放最小的有毒物质，强调产品对社会的有效性。其次，浙商将技术创新作为战略性责任，将环境责任和企业创新整合，从而在降低产品环境负效应的同时为企业创造商业价值。企业创新更加强调社会责任和核心业务整合，并将经济绩效作为衡量企业经济发展的重要指标。最后，浙商企业加大对环境的保护力度，在创新过程中更多地强调知识溢出和高生态性效能。为此,浙商企业在技术创新过程中往往将产品生命周期进行评估,根据企业产品所处是不是导入期、成长期、成熟期和衰退期而选择不同的环境保护策略。

第二节　新常态下浙商的市场选择

新常态下,浙商企业在进行产品销售时,往往会同时面临国内、国外两个竞争市场,市场的差别也带来了资源配置方式的差异。特别是面对当前中美贸易争端问题,美国加大了对中国出口产品的税率,客观上对中国的经济结构和产品出口形势产生了深远的影响。面对宏观形势的变化,客观上需要浙商对自身所在市场的机会具备远见卓识,能够相应地对外部环境变化做出及时、快速的反应,不断加快技术创新的步伐和完成产品和市场的均衡,保持企业在技术方面的领先性和敏捷性,最终获得企业的竞争优势和创造出卓越的价值。首先,在不确定市场环境中,浙商往往通过技术创新提高产品的更新换代速度,提升产品的生命周期,同时,进一步推动商业模式创新以快速适应市场变化,这为浙商企业的市场发展奠定了基础。其次,浙商对市场选择具备积极的、变革的、创新的社会驱动力量,浙商企业在创新过程中往往担当起民族强盛的重任,通过企业价值创造,创造更多的物质财富与精神财富。浙商企业往往具备一定的战略眼光,充分考虑市场的潜在需求,选择市场技术相对空白的领域进行创新或者围绕应用性的技术领域进行具体的应用创新,集中企业研发优势进行产品的市场开发。最后,浙商企业在研发投入上需要保持一定的资金和研发投入比例,浙商需要不断加强企业核心竞争力,培养国际化的意识,从全球的角度来看待技术变革及其应用的市场前景,关注国际市场标准,包括安全标准、环保标准,产品标准等。即浙商企业需要通过技术创新,不断推动价值创造的过程,通过实现市场价值和获得市场的认可,最终获取市场价值。

一、浙商的技术不确定性提高推动营销模式创新

当前,中国全面深化改革,尤其是不断加快供给侧结构性改革,客观

上使日益增强的环境不确定性成为浙商技术创新和管理创新环境的重要特征。环境不确定性的核心特征具体表现在环境资源的复杂性、客户需求的模糊性、外部市场的不确定性、信息的波动性等,这对浙商所依赖的"四千精神""敢为天下先"的创新精神提出新的挑战,需要浙商采取使命导向和知识导向的协调发展策略。浙商在产品研发过程中,始终从顾客感知价值出发,通过顾客感知价值的提高,引导顾客满意,实现产品的品牌效应。具体而言,一方面,通过浙商的迭代技术开发,不断优化企业产品和相关的服务,满足客户的实际需求,让市场对产品予以认可。另一方面,通过制定合理的定价策略加强产品价格的控制,制定有效的广告策略和公关策略赢得市场的广泛认可。

美国品牌协会莱特说过,"拥有市场比拥有工厂更为重要"。企业保持市场竞争力需要将市场创新战略作为重要手段。通过有效的技术创新推动市场创新,将市场的各个要素,包括不同消费层次、不同消费群体需求,作为营销创新的基本要素,通过营销手段和营销理念的创新推动市场创新。而浙商企业往往为了减少市场创新风险,提高创新效果,常常针对不同个性特征的细分群体采用精准营销策略,充分满足消费者需求,发挥企业特色和产品的特色以增加感知利益、降低感知风险,最终赢得消费者对相关产品和服务的信赖。

其一,运用蓝海战略进行市场细分。即通过标准化手段加强产品的标准化,通过差异化手段进行市场差异化竞争,赢得某些崭新市场。如杭州的华东医药集团有限公司通过技术创新,积极挖掘原有的非专利药的产品市场空间,并通过技术创新产生了包括糖尿病类药物、抗肿瘤药物、免疫抑制剂、中药、消化类药物等多个产品线,通过实施多元化的市场战略,不断延伸原有的产业价值链,并将传统中药百令胶囊焕发青春,单一产品的年销售额突破20亿元,成为行业的龙头产品,迅速掌握了市场的主动权,通过技术创新实践活动,产品种类和拳头产品类型相比几年前已经有了大幅度提升。

其二,采用国内市场加国际市场双重市场战略。一方面,许多浙商企业不断扩大国内市场销售,对国内市场进行深耕,不断挖掘国内市场的市场潜在力量;另一方面,浙商企业已经把海外市场作为企业发展的重要依托,如海正药业通过构建海外专业化的市场营销渠道,使出口销售额甚至要高于国内市场销售额。针对两个不同市场,更加强调产品品牌建设和营销网络体系的构建,通过提升品牌价值、完善服务要素,不断开拓市场并实现双赢。

其三,快速应对市场变化,积极采取营销组合策略。激烈的市场竞争使企业应对市场的快速反应并形成三种能力:一是市场需求信息的采集、分析、判断反应能力;二是快速的产品生产保证市场需求的响应能力;三是应对资源供给的物流体系和产品销售保障能力。比如,娃哈哈集团的多年销售量居于饮料行业龙头地位,正是由于娃哈哈集团及时应对市场需求变化,积极做好新老产品开发,特别是围绕老产品加强技术创新,不断扩大市场需求。

特别是针对许多技术和资金密集型行业,比如汽车行业,通信和电子行业,浙商企业面临的市场竞争极为激烈,只有坚持以市场需求为导向不断加快技术创新,不断提高产品的差异化程度,逐步拥有独立自主的知识产权,才能提高企业的核心竞争力。通过技术创新推动市场创新,并利用形象塑造、品牌保护等手段,充分发挥产品的价值信号,提升消费者对产品的价值认同。与此同时,降低顾客的价格敏感度。最终通过有效的营销组合战略,积极开拓市场。

二、各类型企业技术创新模式探索

根据企业的技术创新战略,需要企业选择有效的技术创新项目组合,并根据项目特点寻找需要解决的具体问题,确定技术创新实施模式以选择创新项目的开发路径。其中,传统的技术创新模式主要包括企业独立创新、合作创新和引进创新。独立创新指的是企业通过自主研发的方式,掌握高新技术并将其用于开发出新产品、新工艺等;合作创新指的是通过不同的合作对象,如企业和高校科研院所或者企业和其他企业的合作等,通过技术联盟合作研发新产品的过程。引进创新一般直接指企业通过技术许可或技术采纳的方式从其他企业或者其他机构获取某一技术并用于研发新产品和新工艺的过程。而浙商企业由于种类繁多,行业分布较广。因此,在新常态环境下,其技术创新模式相比传统的技术创新模式也略有差异性。

小型浙商企业往往通过设定创新的战略目标以确定产品品质,采用"目标+委托"的借智创新模式。一方面,构建有效的科研平台,培养一批高水平的研发人员,并围绕相应的科研战略目标,从事相关的技术研发和技术创新工作；另一方面，企业多通过科研外包的方式，委托专业对口的科研院所开展产品研发以弥补自身研发的深度不够的缺陷，企业更多的是构建灵活的科研管理机制，推动创新的具体实施过程。

中型浙商企业往往采用"引进+消化吸收+再创新"的创新模式。通过充分利用自身的技术研发力量，整合国内外研发资源、市场资源，开展产品的技术合作，特别是围绕技术创新中的关键问题，实现优势互补。例如，浙江众泰集团，通过整合同行技术资源，开发了数款后续平台车型及发动机、变速箱等关键汽车零部件，通过整合国内外资源为自身的发展奠定了坚实的基础。截至2017年二期工程结束，已经实现年销售汽车超过95万台的目标。

而大型浙商企业普遍拥有很强的技术实力和雄厚的资金基础。但是大型企业的创新能力往往受到管理体制的限制，导致技术创新的效率相对低下。因此，通过中外合资的方式，直接引入国外最新技术，并结合本国的实际技术能力予以创新。杭州西子联合集团就是通过和美国奥的斯电梯公司合作，将世界最先进的无机房、无齿轮第二代电梯技术引进西子奥的斯公司。使西子奥的斯迅速通过技术创新从农用机械厂转变为集电梯及其部件、大型锅炉等为一体的企业集团。

近年来，高新技术浙商企业往往采用"智能化+大数据"的创新模式，即通过"互联网+"等实现跨界融合，整合社会优质资源，包括智力资源和信息资源，不断开拓新产品，利用云计算、大数据等新科技，分析市场的需求和产品情况，积极储备相关的技术力量集中优势进行技术创新和产品的研发。此外，对于浙江传统老字号企业，如金华火腿、永康五金、龙泉青瓷等地方特产企业往往采用"传统工艺+现代科技"的创新模式。通过将传统工艺更新换代，运用现代科技不断提升产品质量，实现生产方式的现代化。总之，通过这些浙商技术创新的研发模式，能够帮助浙商企业不断增强市场竞争力、形成竞争优势。

第三节　新常态下浙商的创新变革力量

全面建成小康社会进入决胜阶段，中国经济发展步入新常态，创新驱

新时代浙商企业技术创新和管理创新经验：基于价值创造的视角

动成为国家的发展战略，供给侧结构性改革成为推动经济发展质量变革、效率变革、动力变革的主线。浙江企业走过的路，正是中国经济向产业链高端奋力攀升的缩影，凝聚着几代浙商艰难探索历程。浙商在实践过程中的求索与顿悟、奋起与自强，背后始终有浙商精神在支撑。这股精神让第一代浙商鲁冠球靠着小小的万向节从田野走向世界。不但让李书福圆了民企造车梦，更收购沃尔沃让中国汽车跑向世界。让更多浙商变不可能为可能。浙商技术创新过程是对企业知识学习、知识积累和知识创造的集聚行为。而在技术创新过程中，当知识集聚超过一定的阈值，浙商企业就实现知识、技术、市场和产品的综合性突破，最终实现企业技术创新的最终目的。浙商企业的技术创新是浙商始终围绕市场，以市场作为企业发展导向的知识创造的过程，通过具体知识创造而实现价值创造。而知识的创造不同于普通的商品生产，往往具有非独占性和累计性的特点。特别是浙商在技术创新中许多创造的新知识能被其多个创新项目具体运用，而不增加额外的运用成本。随着市场集聚规模的扩大，企业通过创新的收益也呈现递增效应。这就对浙商的创新发展战略、知识存量、研发人才数量和质量提出了新的要求。通过技术创新升级推动技术研发到成果转化、加快知识创造到价值创造的实现过程。

一、新常态下创新发展战略

在经济新常态下，实施企业创新发展战略是加快转变经济发展方式，推动企业经济转型和产品升级的必然选择。面对现代科技快速发展，市场竞争日趋激烈，资源和环境约束加大的新形势，特别是随着经济增速由高速向中高速换挡，产业结构由传统低档次向中高档次转换、资源配置由市场起基础型向起决定性作用转换、以要素投入为驱动力向创新驱动转换的新常态，企业既面临难得的发展机遇，也面临着前所未有的严峻挑战。因此，制定有效的经营战略措施，围绕环境变化开展经营活动成为企业发展的重要举措。实现企业管理创新与技术创新，成为浙商有效应对当前资源环境和要素制约、人口红利消退、市场需求不足等问题的重要举措，同时也是提高企业发展质量、提升企业经济效益、激发和增强经济发展的内生动力，从社会发展角度，这对打造企业经济"升级版"具有非常重要的意义。特别是企业进行自主研发的策略应当符合企业的经营策略和技术策略，同时考虑企业所处的环境和地位,这些都是影响企业技术创新的重要因素。

在指定企业有效的技术创新策略还需要系统分析企业所在的产业和产品本身的特点,根据企业发展目标和行业现状,从而选择相应的研究和发展的方向。一般而言,浙商企业在技术创新中常采取如下策略(见图4-1)。

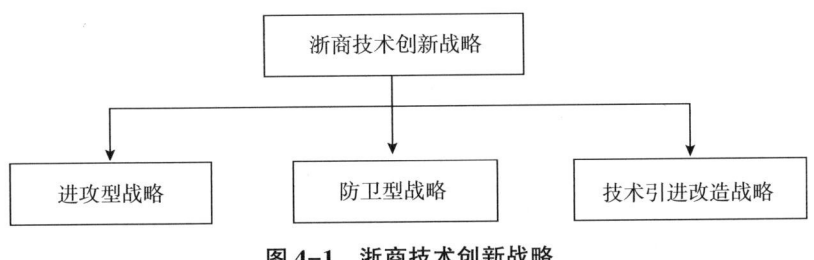

图 4-1 浙商技术创新战略

其一,进攻型策略。即通过主动的技术研发形成产品技术壁垒,阻碍其他企业进入市场的策略。这一策略往往适合于技术水平较高、实力较为雄厚的本土浙商企业,但这种策略风险较大,但对企业吸引力大,市场潜在收益较高。同时这种策略要求企业对市场的需求分析要准,市场开发能力和企业基础创新能力较为强大。特别是从浙商30多年的发展历史来看,浙商最大的成就之一是在商贸流通领域环节的专业市场建设方面,包括阿里巴巴在电子商务领域上的成就,其在技术创新过程中针对大数据、人工智能等前沿领域一直采取这种策略。这一策略的实质在于通过创新促进主业发展,通过聚焦和强化主业,形成行业垄断地位,全面提升企业核心竞争力。

其二,防卫型策略。即针对竞争对手的技术研发活动,选择对手容易忽视的技术战略予以研发以提高市场的适应性。虽然这一策略的市场收益较低,但企业技术创新的风险和难度较低,适合科研力量较低的浙商企业。但是这一策略要求企业具备良好的营销技能和生产技能,通过低生产成本和高产品质量最终占领市场。浙商企业在新常态下,通过强大的营销体系,强调质量和效益,通过构建"高精尖"的产业结构"排头兵",加强营销能力,聚焦企业的主要产品,围绕产品存在的缺陷或不足,对企业资源进行企业创新并整合,提高竞争力。

其三,技术引进改造策略。这一策略往往是大多数浙商企业采用的方式，适合科研能力较弱的浙商中小企业。特别是对于制造领域，浙商企业大多采取这种技术创新方式，通过引进国外先进技术，结合企业特征和行业发展现状，对现有产品进行改造和技术升级，生产适应市场需求的产品。其优点在于能快速掌握核心技术，产生较高的企业利润，所需的研发成本较低，而产品的市场风险较小；其缺点在于企业无法掌握核心技术，容易受到外部环境的影响，产品的定价权受限于技术实力无法和国际主流产品相比较。

二、新常态下浙商的技术创新转型升级

随着移动互联网、工业传感器以及智能制造行业的快速发展，大数据产业也取得了长足进步。据中国信息通信研究院的调查数据显示，2016年，中国大数据核心产业的市场规模约为168亿元，较2015年增速达到45%。到2020年，大数据市场规模将超过578亿元。其中，软件和服务在整体市场规模比重中呈上升趋势，整体变化趋势较为平缓。围绕大数据行业的相关应用领域，包括大数据在金融行业的征信、风控、反欺诈和量化投资等领域都取得了快速发展。此外，包括医疗行业中的基因测序、医疗机构数据化、精准医疗、新药研制等高尖端领域都取得了较为明显的发展。为此，浙商企业针对大数据和人工智能的发展变化，不断加强企业技术创新能力的培养，并将其作为企业发展的长远利益战略。不少企业在创新过程中不断地平衡短期成本和长远利益的矛盾，并结合本企业的具体实际情况，特别是根据自身的科技资源和技术力量，确定积极的技术创新政策和战略规划。浙商企业在实施技术创新和管理创新活动前，往往通过严谨的市场调查，开展以市场需求为导向的技术创新项目，并关注大数据市场的变化和企业大数据营销业务和企业发展的变化，积极调整其经营管理方式。围绕企业大数据和人工智能应用实践的发展目标，制定并实施科学的技术创新策略。

首先，浙商企业将研发部门作为企业技术创新的核心部门，积极将科技成果转化为具有市场价值的产品。浙商企业特别重视企业研发部门的软实力建设，通过构建完善的研发和创新体系，一方面，不断加强研发的资金和技术投入，并根据自身的技术和产品优势，构建不同类型的企业技术中心；另一方面，不断加强人才队伍建设，吸引来自技术研发、技术管理

等多方面的人才，积极采纳员工在技术创新方面的合理建议。其次，企业加强对员工技术创新、成果转化、专利申请等方面的实践活动。再次，浙商企业往往同科研院所、高等学校建立了良好的合作关系，通过合作研发模式，提升技术创新的效率。最后，不少企业在技术创新中通过"采纳—吸收—转化"方式加强企业研发机构的科研力量，即积极采纳其他企业的技术创新成果，并通过有效的吸收利用，最终转化为企业自身的技术，通过这一模式不断提升企业的技术创新能力（见图4-2）。

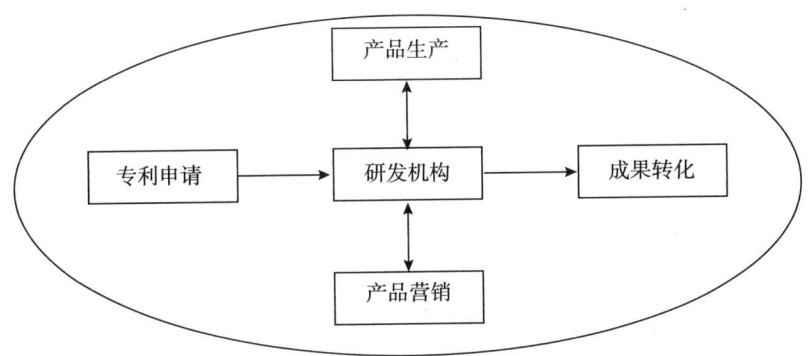

图 4-2　企业技术创新过程中产品研发中心示意

随着知识经济的快速发展，以知识推动社会进步和企业发展成为企业创新的重要组成部分。企业充分利用现代化的信息技术，包括大数据技术、网络搜索技术等，在企业内部构建有效的技术信息网络，实现信息和数据的共享，提升企业的信息能力，通过企业的信息化促进产业化进程。许多浙商企业，包括吉利控股集团、海亮集团、恒逸集团、荣盛控股集团、盾安控股集团、宁波金田控股有限公司等，通过技术创新围绕信息相关领域加快信息产品的研发，在浙江百强企业中的上升趋势明显，企业的生产能力和技术研发实力提高很快，企业发展迅速。特别是在新常态下，不同浙商企业的转型路径较为清晰、市场发展模式各异。其转型特点在于：

其一，浙商企业的跨产业创新要素配置能力不断增强。浙商的制造业企业从单一的加工制造企业向技术研发、制造、服务三位一体相结合的系统供应商转变，围绕企业加强技术创新以适应市场的变化，最终推动产品质量和服务标准化程度的提高。特别是许多传统制造企业更是引入了智能制造技术、绿色制造技术，产品的绿色形态更加明显，从而不断适应社会对产品定制化、绿色化的需求。

其二，浙商企业通过具体的技术创新推动企业的商业模式创新，即改变企业的外部经营和营销模式，同时以商业模式创新反哺企业技术创新。即以经营模式的变化提升产品的外部市场竞争力，浙商的产品设计和营销体系构建更加完善，产品的品牌竞争和市场渠道控制竞争更加明显。并通过构建完善的技术创新体系提升产品的内在竞争力，通过技术创新实现产品品质的差异化，提升了产品的品牌知名度和品牌的价值性。

其三，浙商企业在经济新常态下不断扩大企业的国际化视野，企业配置生产研发技术、研发资本和研发资源的空间范围已经从区域市场迈向全国市场甚至全球范围内的市场，不少典型企业都在提升国际视野的同时提升了企业的内在资源配置能力和配置效率。例如，浙江吉利控股集团通过国际控股，其海外收入占营业的比例达到73%，海外资产占总资产的比例超过67%，吉利控股集团的营业收入和资产国际化水平已经达到欧美发达国家跨国公司水平。通过优化市场资源配置，提升了企业的核心竞争力。

其四，浙商企业在技术创新的过程中，非常重视关键核心技术的研发，通过强大的创新机构，授权专利数量大幅度增加，创新的方式从模仿创新向自主创新转变，自主创新能力有所增强。通过具体的技术创新推动了产业的升级转型。其中，制造业向服务业转型速度加快。传统制造业的行业集中程度有提高的趋势。企业通过激烈的市场竞争，兼并、并购等使得总数量不断减少。此外，浙商企业提倡"实业兴邦"，通过创办各类实业，并不单纯追求某一高额利润行业如房地产业和金融业；相反，各行各业都有涉及，包括化工、机械、医药、有色金属、电器、纺织服装等都存在数量分布均衡的浙商企业。

第四节　浙商代表性企业：吉利集团技术创新和管理创新

浙江吉利控股集团始建于1986年。1997年，吉利集团首次进入汽车领域，多年来专注汽车领域的实业，围绕汽车领域专注技术创新和人才培养，取得了快速发展。截至2018年，企业总资产值超过2700亿元，在近期揭晓的 2017 年度《财富》杂志世界 500 强排行榜中，浙江吉利控股集团以 314.298 亿美元的营收位列第 343 位，强势攀升 67 位，这也是自 2012 年首次进入榜单以来连续六年进入世界 500 强，连续 14 年进入中国企业 500 强，是中国汽车行业十强，是国家"创新型企业"和"国家汽车整车出口基地企业"。欧盟委员会 2010 年 7 月 6 日批准了中国浙江吉利控股集团有限公司对瑞典沃尔沃轿车公司 100% 股权的收购。这是迄今为止中国企业对外国汽车企业最大规模的收购项目，收购总资金约 18 亿美元。2016 年营业额达到 2087 亿元。

一、吉利集团技术创新实践

吉利集团在浙江杭州建有研究院，形成完备的整车、发动机、变速器和汽车电子电器的开发能力；在中国上海、瑞典哥德堡、西班牙巴塞罗那、美国加州设立了造型设计中心，构建了全球造型设计体系；在瑞典哥德堡设立了吉利汽车欧洲研发中心（CEVT），打造具有全球竞争力的中级车模块化基础架构。吉利熊猫、帝豪 EC7、吉利 GX7、吉利豪情 SUV、吉利博瑞等先后获得 C-NCAP 五星安全评价；自主研发的 1.3T 涡轮增压发动机、1.8TD 涡轮增压直喷发动机被评为"中国心"年度十佳发动机。目前，吉利的汽车专利申请和授权量分别达 14000 余件和 12200 余件。其中，发明专利申请和授权量分别达 2700 多件和 1400 多件，被列为"中国企业知识产权自主创新十大品牌"，是国家级"企业技术中心""博士后工作站""高新技术企业"。"吉利战略转型的技术体系创新工程建设"荣获国家科技进步奖二等奖（一等奖空缺）；"吉利轿车安全技术的研发与产业化"荣获中国汽车工业科学技术一等奖。

早在 2003 年，吉利就将试制研发的自动变速箱装在了新车"自由舰"上，业界普遍认为，吉利成功研发自动变速箱的重要意义在于完全掌握了汽车关键零部件的核心技术和原理，搭建出中国在自动变速箱上的技术平台，并带动了精密加工、非金属材料、油品和检测设备的产业发展。

2007 年 5 月 17 日，吉利汽车发言人在吉利远景全球上市前夕，正式向外界宣布，吉利汽车进入战略转型期，一直以来凭低价策略取得竞争优势的吉利汽车开始转变发展战略，向技术和性能领先主导。2010 年收购沃尔沃轿车后，吉利开始了再次转型，从"技术吉利"转向"品质吉利"。2014

年12月,随着吉利汽车3.0产品的开山之作吉利博瑞正式亮相,吉利汽车从彼时起正式迈入了"做每个人的精品车"3.0时代。

吉利汽车的创新演变之路首先是以引进为主和以组装为主的产业依附型发展道路。在短期内可以迅速填平市场供求缺口,又可以借助外力快速提高国内汽车产业的技术水平。走技术联盟的汽车产业自主创新的技术发展道路。其次,通过技术联盟推动产品重组。特别是选择具有先进汽车技术和研发能力并愿意转让其技术的跨国汽车企业进行合作。加强国际合作,争取进入由联盟外方主导的核心技术研发领域,以求融入全球技术研发的主流。最后,吉利在做好联合开发的基础上,逐渐走上自主开发、自我发展的道路。实现从只注重引进技术向注重自主开发创新转变,在合作中向外国专家学习,在学习中不断提高。再通过加大对科研的投入,无论是消化吸收、引进技术还是实现国产化,都做了大量的科研投入。

在加大车载互联产品落地的同时,吉利也从未放松对智能驾驶、共享化、电动化方面的研发,而这在吉利看来是一体的,且相辅相成。智能驾驶能够引发全新生活方式的变革,但李书福一直强调,汽车的连接必须建立在安全的基础上,因为只有将人的注意力从开车和关注路面解放出来,才能有更多的连接,也才会有更多的互联应用和娱乐放到车上。吉利汽车始终坚持"以市场为导向、以用户为中心、以产品为核心"的精品车发展战略。而这一次吉利依托吉客智能生态系统的发布,牵手高德、科大讯飞等高新企业,打造一个开放的汽车生态,致力于将吉利汽车打造成以技术创新为引领的科技型企业,成为汽车行业的新物种。目前,吉利在新能源汽车技术开发领域重点研究清洁汽车技术,主要包括三个方面:①洁净燃油技术,包括液化石油气、压缩天然气、煤变二甲、洁净柴油技术等;②生物替代能源技术,包括从一些农作物中提炼甲醇、乙醇等,甚至用植物油为燃料技术;③电动汽车技术,包括纯电动、油/电混合动力及燃料电池技术等。

二、吉利集团围绕技术创新的管理创新实践

(1) 技术创新路径过程:起步阶段(模仿创新)。吉利在进军汽车产业的起步阶段,企业技术创新能力非常弱,这是由于汽车产业是资金密集型和知识密集型产业。首先,吉利缺乏资金。作为没有上市的民营企业,政

府政策不支持，起步资金非常有限。吉利虽然有强烈的创新愿望，但没有大规模的资金投入，技术创新难以进行。其次，吉利技术创新人力资源不足。汽车企业的技术创新，往往涉及许多创新产品和创新工艺等多种技术的综合和集成，要求各领域的技术专家通力合作才能够完成创新所要求的技术上的突破。吉利在这个阶段，难以物色到实现技术创新所需的各方面专家。通过逆向开发式模仿创新是吉利在技术创新起步阶段的合理选择。

（2）发展阶段（自主创新）。随着起步阶段的模仿创新，吉利掌握了初步的整车生产技术，并积累了一定的研发能力，为使企业不受制于人，自主创新是技术赶超的必经之路。在赶超型技术创新的发展阶段，吉利各方面能力发生了质的飞跃，其中包括零部件能力、综合架构能力以及市场能力。在吉利，无论是发动机、自动变速器，还是EPS的生产线，都是吉利人自己设计的，包括控制软件也是其内部员工编写，多数设备是国内配套的，只有少数高精度设备从国外进口。2002年，吉利果断开启自动变速箱项目。第一年，研究人员把全部精力放在吃透原理、设计图纸、研制试验和测试设备等方面，成果就是几百张图纸和一堆测试设备。虽然没有出样品，但是研发人员通过研制和完善自动变速器研发所必需的专用测试设备，以及对大量各种样品零部件、分总成、总成的台架试验，积累了大量的试验数据，形成100M字节数据库，筛选出29219个标志性数据，基本掌握了自动变速器的工作原理、设计结构、匹配原则及控制规律。吃透原理之后，研发人员仅用了半年的时间就研制出自动变速器，开始搭载试验。接着，仅用了一年的时间，就完成了产品定型，形成行业标准和配套体系并建成年产三万台的生产线，实现产业化。2005年5月，吉利自主研发的自动变速箱实现了产业化生产，这是目前国内唯一拥有自主知识产权的自动变速箱。到2005年，吉利相继开发出具有国际先进水平的三缸五速变速箱、VVT智能可变配气正式系统以及电动助力转向系统等核心部件，实现了几代汽车人的梦想。

（3）成熟阶段（合作创新）。吉利在推进技术研发战略的同时，也积极通过国际合作进行技术创新，分别与韩国、德国、中国台湾以及意大利开展合作研发。在此阶段，吉利始终坚持学习与自主的原则，甚至合作的过程中明文规定外方专家与中方技术人员的搭配比例。同时还加强了与江苏理工大学、武汉理工大学以及长春的原机械部九院等国内高校及科研院所的合作，使吉利在自主品牌汽车建设的道路上越走越远。吉利在这个阶段通过合作创新进一步提高技术能力,实现技术赶超。合作创新和自主创新的有力成果促使吉利成熟阶段正式宣布战略转型,由低成本战略向高质量国际化的战略转型,战略理念从"造中国最便宜的汽车"变成"造最安全、最环保、最节能的好车"。在此阶段,吉利全球鹰的熊猫汽车、吉利帝豪汽车、吉利英伦汽车陆续上市。吉利开始打品牌战略,分品牌进行营销,从两个方面展开:一方面,新的产品将分为全球鹰、帝豪和英伦三个品牌进行销售;另一方面,吉利的母品牌,并且随着帝豪的上市吉利成功挺进 B 级车市场。技术学习方面,吉利继续保持从研发中学习。此外,还抓住全球金融危机的机会,并购国外核心零部件企业和整车企业,通过收购的方式进行合作创新、学习技术,提高技术能力。吉利的另一轰动汽车业的收购就是从福特手中收购沃尔沃,沃尔沃汽车一直是安全性的代表,追求环保、设计和品质的高端豪华车,吉利通过对沃尔沃全部股权的收购,不但可以获得知识产权和先进技术,同时满足了吉利战略转型和提升品牌的需要。收购沃尔沃之后,吉利的技术水平也获得提升,2014 年开始第二次转身,宣布"精品车"发展战略。吉利精品车战略的底气在于技术。2017 年,吉利和沃尔沃联合推出开发的 CMA 架构问世。通过合作创新,吉利实现了整合价值大于总价值的收获,双方共赢,共同创造价值财富。合作创新的结果是显著的,吉利在这个阶段获得的专利授权数量远远大于之前阶段的总和,成功推出新的品牌,并且进入 B 级车市场所代表的中档市场。

第五章
浙江全面深化改革下浙商创新创业态度和思路

习近平总书记深刻指出:"改革开放是党和人民大踏步赶上时代的重要法宝,是坚持和发展中国特色社会主义的必由之路,是决定当代中国命运的关键一招,也是决定实现'两个一百年'奋斗目标、实现中华民族伟大复兴的关键一招。"全面深化改革是由问题倒逼而产生,又在不断解决问题中深化。因此,全面深化改革意味着浙商企业要重新对企业固有资源配置情况、市场外部环境变迁等有所认识,即浙商企业需要对企业自身发展和所处行业环境变化进行深入了解和分析。具体而言,其一,浙商企业需要进一步明确企业的历史使命。浙商企业家往往有实业兴邦的理想和抱负,这成为激发浙商企业进行创新创业行为的关键动力。其二,浙商企业在创新过程中往往能通过构建有效的创新网络,并通过调配和协调创新资源从而对企业创新绩效产生影响,以实现持续的企业创新。其三,浙商企业在发展过程中能做到持续学习,通过吸收和知识创造不断地提高企业的知识获取能力,加快信息交换和知识运用效率以整合和有效利用社会资源。特别是过去的30年,浙商在创新创业过程中所体现的"四千精神"和"两板精神",其实质就是通过艰苦奋斗加快企业创新。但是在"新常态"下,浙商的创业创新将会面临知识密集的任务,故必须有效地整合企业内部的资源,积极营造良好的企业创新创业环境、不断促进企业创新网络的形成。其四,在创新创业过程中,政府的核心工作是构建一个公平公正的制度环境,而不应对企业施加过度影响,并通过完善企业内部制度有效规范市场,不断挖掘潜在的创新资源。为此,政府应当让市场机制发挥核心作用,通过制定必要的产业发展标准,从宏观层面鼓励市场竞争,并通过制定有效的政策引导企业进行创新创业,并鼓励浙商企业不断提高产品质量。浙商

新时代浙商企业技术创新和管理创新经验：基于价值创造的视角

如何有效地和政府合作，避免过多的政府干预也需要仔细思考。

第一节 浙商企业的使命和创新创业

2004年，浙江省提出"振兴浙江质量，打造品牌大省"，这为浙商企业实施创新驱动、改变企业"大而不强"状况提供指引。浙商企业自创立初期就有明确的企业目标，如"创造财富、奉献社会"，通过价值创造实现企业的社会价值和社会目标。浙商的企业家往往有远大的社会抱负和个人理想，其生产实践活动也立足于市场，发现并积极获取外部创新资源、与自身内部资源有机结合、不断打破企业资源的边界障碍，通过技术创新活动，构建企业创新网络，不断改善企业内部的生产管理和提高生产效率，最终引领市场发展方向。为社会带来的是为民众创造就业，为国家创造财富，实业兴邦。浙商使命在于坚持企业技术创新，坚定新技术、新模式的综合运用，加强与利益相关群体包括中间商、其他研发机构之间的合作和信任、不断优化资源整合、降低市场风险，夯实企业研发的能力和基础，从而作为企业转型升级的引领者、创新发展的探索者、"义行天下"的践行者。正如习近平总书记提出的时代对浙商的新要求和新使命在于"干在实处永无止境，走在前列要谋新篇，勇立潮头方显担当"。

一、浙商的制度创业和平台创业

企业制度是企业为实现既定目标和实现内外部资源的协调统一。在财务关系、组织架构、运行机制和管理规范等方面进行的一系列制度性决策和安排。因此，决定企业制度选择的主要因素包括企业规模、企业技术特征、企业经营管理能力和企业内外部经营管理人才的供给等。完善的企业制度对于企业技术创新必不可少，构建有效的制度，加强管理成为企业进行管理创新的核心要素之一。浙商在适应制度变革的同时也在发挥企业家的制度创新精神，开展制度创业，即通过建立并推广企业社会认同所需要的规则，构建符合社会规则的价值观，围绕企业的发展信念和行为模式，从中创造、开发和利用盈利机会。一方面，浙商在全球化进程中，将产品的绿色发展、可持续发展作为产品发展的目标。通过全球视野来规划布局、审视自己，引领产业转型升级。而在这一过程中，特别是在建立产品变革的基础期，浙商企业往往通过网络或其他媒介加强产品的品牌宣传。另一方面，随着电子商务和互联网经济的快速发展，各类平台型组织开始兴起，围绕平台创业成为企业创新创业的重要形式。不少浙商企业也加入平台创新的范畴，以阿里巴巴等电商企业为例，浙商社会责任和平台经营模式的匹配成为平台发展的重要因素。

企业生命周期理论认为，企业的成长和发展主要经历了导入期、成长期、成熟期和衰退期四个阶段。从成熟期到衰退期过程中，只有通过产品再生和价值再创造才能得到新的发展。而随着不同行业的浙商"争做百年老店的探索者""持续发展101年""做一家102年的老店"等打造百年老店的共同愿景的期待，浙商群体对自己的职责和使命也有了新的清醒的认识，特别是面对某些管理模式与时代脱节、管理体制滞后、产品换代更新缓慢的现象，提出了浙商的"二次创业"奋斗目标，即提升企业管理者的综合素质，提升企业管理水平，提升新产品的科技含量和开发水平，开拓相关或不相关的产品技术以提升企业的核心竞争力，推动企业可持续发展。特别是面对当前信息化、科技化的趋势，企业意识到保护环境成为企业发展的社会责任。为此，浙商在总结过去成功经验的基础上"积极发展可持续产业和循环经济，不断挖掘信息资源，发展信息产业，以技术密集型产业代替能源消耗型产业的发展，以共享型价值观代替牺牲型价值观，并成为浙商未来发展的趋势所在"。可见，新时代浙商企业正围绕百年企业梦想，通过技术创新和管理创新，加快争创一流企业、一流管理、一流产品和一流服务、一流文化，不断探索企业发展的新路径和新思想，加快浙商企业的转型升级。

二、浙商的技术创新实践

浙商在企业创新发展的探索中，遇到了包括内外部市场格局变化、经济全球化、国际国内市场竞争日益激烈等新形势困境。但浙商始终发挥创新精神，坚持与时俱进，顺应时代的需要。通过优化资源配置，整合价值创造过程，有效地提升了产品的价值，不断增强企业的活力和竞争力。从浙商具体商业实践过程来看：首先，浙商技术创新的实践是整合多方资源，既包括企业外部资源也包括企业内部资源。其中，企业外部资源主要包括技术信息、市场信息和外部人才信息。企业内部资源主要包括人力资源、企业技术创新团队、企业管理体制等。通过有效的信息收集、整理分析发掘技术创新存在的主要问题和需要采取的重要措施，从而为企业高层决策做准备。

其次，强调浙商技术创新实践的核心目的在于满足企业获取价值的诉求。当面临市场内消费者需求不断变化，技术不确定性提高时，浙商企业仍然将产品和服务的持续创新作为企业的发展方向和创新实践首位。不断加强产品的迭代开发，特别是技术的发展始终围绕客户的具体需求，针对不同个性特征的细分群体，积极通过技术手段包括大数据技术、关联分析技术、云计算和人工智能等技术，关注顾客感知绩效、期望满意度等因素，通过加大资金投入或技术引进等手段提高产品技术研发的有效性。

最后，以价值创造为核心，坚持市场导向型的产品研发。根据企业内部信息，包括技术积累情况、技术人员储备、资金实力以及市场营销网络等以及企业外部信息包括技术的稳定性、成熟度、竞争对手水平、模仿者的规模数量、新产品的预期收益和消费者偏好等共同把握启动技术创新时机。高效组织协调技术部和市场部在创新过程中发挥关键作用，成立专门的部门及调研专员，通过走访、问卷、网络互动等搜集反应市场需求，消费者对于需求的变化包括产品的质量、外观、性能等偏好及时反馈给企业研发部，以做出及时的调整。保证产品的研发方向始终不偏离市场需求，通过企业的具体技术创新实践，完成产品创新发展的探索。

三、浙商管理的变革——家族企业和代际传承

浙商不仅面临着日益严峻的转型升级压力，亟待创业创新，而且还面临更为严峻的代际传承问题。从市场环境来看，由于外部市场的约束和环境的变化性，浙商企业需要从家族内部寻找合适的接班人。而继任者需要在动机、特性、自我概念、知识和技能方面都与第一代浙商群体保持一致。事实上，浙商企业的代际传承不是一个短期的行为，而是一个长期的社会化过程，受到多重因素的影响。在浙商企业发展的第一阶段，浙商企业家关注的企业生存问题，创始人既是企业的核心，也是企业中的唯一家族成员，而在这一过程中，浙商企业继任者往往并未参与企业的经营。而在第

二阶段,浙商企业家关注企业的发展问题,部分继任者虽然参与企业的经营,但是受限于资历和知识、经验、技能的积累,继任者对企业日常运营和战略管理的理解还需要提高。当进入第三阶段,特别是面对"新常态",新一代浙商肩负着企业传承和产业转型的双重使命,浙商企业的继任者和创始人的角色开始转变,创始人逐步过渡为监督和顾问的角色,而继任者的角色则逐步过渡到企业的领导者和决策者,同时这一阶段还涉及企业管理权和所有权的转移。

浙商企业在发展过程中,围绕企业技术创新和管理创新,构建了适合时代需要的企业家知识和相关的知识网络。然而,这些知识的核心是隐性知识,具有典型的个体性和非理性,许多知识并非直接通过感官或领悟获得,相反是在技术创新实践中获得的,与创新有关的环境、文化体系、市场背景等密切相关。同时,在环境不确定性不断提高的时代中,浙商父辈和浙商子代之间对于市场的理解、时代的发展、企业的发展方向等都存在较大的认知差异,这使代际传承这一任务具有高度复杂性。而根据组织的"刺激—重组—反应"模型,子代如何接受父代经验,并进一步加快管理制度创新以适应当前企业内外环境的发展,成为浙商技术创新和管理创新的重要的考量问题。

第二节 浙商技术自主创新和持续学习

浙商企业自主创新的基础是不断获得外部知识以增强企业的知识深度和广度,提高企业的产品创新组合。另外,通过获取外部知识,企业能够显著降低企业产品研发的周期,提升企业技术创新的效率。企业技术创新活动是企业产生创新性的新知识的最主要来源。同时,企业内部知识源和外部竞争者的技术创新活动也是企业知识的重要来源。企业需要将外部知识转化为企业自身的研发能力、价值创造能力等,这就需要企业具备强有力的学习能力。而企业在创新的过程中,围绕知识创新积累的过程,也是企业外部工作环境变动的过程,客观上需要企业工作者不仅要有完成工作的技术与知识,更要有能够应对复杂多变的市场问题的能力,具备很强的产品研发方向识别问题、通过独立自主做出正确的技术创新决策。浙商企业一般具有较强的组织学习能力,其中,组织学习一般包括利用式学习和探索式学习。探索式学习有利于创新概念的提出,通过具体的市场探索,扩大了产品的市场适应性。而利用式学习则保证了创新过程的完成,通过学习不断扩大企业的知识范围,提升企业的研发能力并最终实现创新绩效。特别是企业在开展技术创新时,大多通过从实践中摸索创新经验、积累并学习创新知识,将创新知识应用于研发实践,最后继续学习知识提升价值创造的知识能力,即浙商企业往往经过"实践—学习—应用—再学习"的知识转化过程。通过不断学习知识,提升技术创新能力,最终开发出适应市场需求的各种先进的技术和产品,最终增强企业的技术创新能力。

一、企业自主创新和自我学习

组织学习是 20 世纪 90 年代兴起的概念,指的是企业运用组织知识、技术、方法等解决技术创新和生产过程中的技术问题,积累知识、技术和方法并增强企业技术研发实力和技术创新能力的过程。组织学习主要包括:其一,组织通过生产实践和管理实践积累知识和技术方法的过程;其二,组织通过实践增强技术研发能力和企业技术创新能力的过程;其三,充分运用组织知识、技术和方法,通过不同形式的学习增强企业综合研发能力。浙商企业开展的组织自我学习,更多的时候并非某个组织人员的个人学习,而是企业组织的全员学习过程,其往往采取分布式创新过程,即每一个组成成员都是创新的一个重要组成部分。企业鼓励每一位员工展现创新潜力,企业通过搭建为员工提供创新资源的平台,鼓励员工形成不同类型的项目小组,在平台上组成不同的团队、加快资源的整合,加快自主创新,从而实现员工的探索突破并持续激活企业的发展。一方面,浙商强调自主创新和学习全过程包含了对企业内部知识的学习和相关技术技能的运用;另一方面,浙商的学习过程还包括对企业外部知识的获取和技能的灵活运用等。

浙商企业的自主学习既是组织学习过程,同样也是以个人能力为基础的一种自我学习和发展。并且这种能力能够通过对知识和技能的转换而实现。Szulanski(2016)根据信息传递模型,正式提出了"知识源与接收方"这种转移形式,同时说明知识转移为知识源和接收方是两者在组织内部彼此传递的一种方式。一方面,浙商在技术创新过程中,非常重视知识的获取和知识的转移,这一过程是一个动态发展过程,企业在收到外部知识源的知识信号后，通过强大的学习能力将外部知识转化为企业内部知识，并运用知识对企业进行革新优化，使企业向着更好的方向迈进；另一方面，浙商企业在技术创新实践中不断根据市场变化而进行转变，例如，通过知识转移，企业间互利互惠，并利用知识加以转化以适应自身企业发展的策略或活动。从而引发产品创新或组织结构优化等，最终提升企业技术创新的绩效。

二、浙商知识转换和资源整合

浙商企业在创业之初，一般把社会资本作为企业发展的重要资源，并对整合企业内外部资源整合起到关键作用。依据知识基础理论，企业通过知识转移补充相关的资源并且提升营运能力。浙商企业在创新过程中往往能进行持续的知识转换和创新，加强社会资源的整合，坚持走企业自身发展道路，利用知识转移，以社会资本为契机，营造良好的知识转移外部环境，鼓励和相关企业、行业的知识交流和分享，将企业外部的各种利益相关者进行知识转移从而整合吸收新的知识，从而提高企业的创新绩效。浙商企业在发展过程中能做到持续学习，会整合利用社会资源。浙商的广大企业家往往不断获取最新知识，通过自主学习对市场前景、技术前景和资源可获得性的感知和判断力都有了提高，从而引领企业朝更高、更深的领域发展。

浙商企业的技术创新离不开企业员工的学习和创新能力。为此，浙商企业在实践过程中通过各种管理手段发挥员工的创新积极性，使他们的知识转化为企业资本亦成为一个成功浙商企业的重要任务。围绕提升员工的创新能力，浙商企业往往通过建立有效的技术创新激励制度，培育员工的自主创新精神，激发员工的创造欲望，从根本上激活企业创新资源的积累。具体而言，首先，浙商企业在企业内部倡导技术创新，积累创新实践经验并形成了良好的创新氛围。良好的企业创新氛围有助于员工与企业共同成长，鼓励技术创新以形成精神激励。其次，浙商企业通过构建与时俱进的创新文化从文化层面上推动员工潜移默化形成创新动力。特别是创新文化属于企业高层文化，涵盖了企业的人文文化，技术创新的内在专业文化和企业创新过程的管理文化等。再次，浙商企业始终强调员工是技术创新的变革主力，强调员工的经验、智慧是企业技术创新的重要源泉。浙商企业在技术创新过程中通过各种途径全面提高员工的文化水平和业务技术水平，定期开展员工培训班，提高技术交流平台，努力成为学习型企业。员工定期接受企业开设的专业培训班，定期接受检验，以此来提升员工水平进而提高企业创新潜力，推动企业创新文化的形成。最后，浙商企业在技术创新过程中往往建立起有效的效率与公平机制。根据技术创新难度、技术实现的高低水平、技术创新中的贡献大小通过特岗特薪等制度来拉开企业员工收入，进行长期激励与短期激励的手段交叉并行，充分体现创新人员的价值。

三、积极加强技术创新过程的风险控制

从企业角度来看，技术创新风险包括技术风险、市场风险、财务风险、管理风险、生产风险等。技术创新的整个过程都充满了不确定性与风险性，特别是技术创新项目存在一定的研发难度和过程中的复杂性，而浙商企业的创新能力相对有限，在一定程度上导致创新实践活动达不到预期目标。因此，浙商企业在做技术创新决策前，往往积极对企业技术创新风险做出准确预测与控制。

首先，浙商企业在技术创新过程中强化风险防范与风险管理意识，对技术创新能力、产品市场占有率、融资风险强度做有效评估，保证创新过程每个阶段都包含分析、评价、决策和实施等理性行为。其中，风险防范多处于技术创新前期，企业通过市场信息的搜集对风险做出防范决策。构建有效的风险预警系统，根据技术创新风险的性质和具体程度进行警报，提醒企业领导者和管理者注意防范可能存在的技术创新风险。风险管理是企业经营管理中的重要组成部分，包括风险识别、风险估测、风险评价和风险控制。企业根据风险大小，采取有效管理措施，通过对市场进行研究，加强信息的沟通，使企业内部各部门协调配合。一方面，对于可控的风险因素，可以通过计划、组织、协调等方式防范和控制风险；另一方面，对于不可控的风险因素，包括宏观政策环境、市场需求等外部风险，可以采用风险回避、风险转移、风险分散等方式予以防范，最终有效地规避技术创新风险，完善新产品的研发和生产，提高企业利润。

其次，企业要密切重视技术创新过程中的各种不确定因素，重点分析可能的外部环境因素、政策法规变化。不能急于求成，稍见收益就筹措巨

资投资，忽略市场复杂性导致的突发因素，导致创新周期过长，成本过高，甚至中途失败。因此，企业要加强各部门间信息沟通，并与用户保持密切的联系，当市场前景模糊不定时，需要准确地进行市场预测，根据市场预测结果决定创新项目，建立信息反馈渠道，不断提升产品质量并改进产品的功能以适应市场的需求。

最后，浙商企业树立知识产权保护意识，并建立知识产权管理规章制度。企业进行技术创新活动耗费了大量的人力、物力、财力，如果缺乏知识产权保护意识，则给竞争对手可乘之机，造成巨大的市场风险。企业应在确定研发目标前，充分了解相关国内外专利信息，了解国际先进技术发展动态，掌握相关法律法规。在取得创新成果后，利用制度进行保护。同时申请专利，可授权给其他企业生产，获得超额利润。

第三节 基于浙商精神的企业创新资源整合研究

从广义上讲，"浙商精神"是浙江商人千百年来从商过程中形成的思想和观念体系，以及在经商行为中表现出来的价值取向。狭义的"浙商精神"往往指的是改革开放以来，浙江商人基于各自经营实践所形成的区域性经营管理理念。浙商精神的产生和发展伴随浙商创新创业的全部历史发展进程。特别是改革开放40多年以来，浙商通过"四千精神"，即"走遍千山万水，讲尽千言万语，想尽千方百计、历尽千辛万苦"开启了浙商不畏艰难，开拓创新的基础；通过"两板精神"，即"白天当老板，晚上睡地板"的拼搏态度奠定了浙商奋斗进取的基调。浙商群体的拼搏发展过程是浙江经济发展的缩影，浙商精神具有典型的时代特质和历史特征，伴随时代发展和历史进程呈现不同的价值内涵。2012年6月，中共浙江省第十三次党代会提出积极倡导"务实、守信、崇学、向善"的当代浙江人共同价值观。而随着浙江经济和社会的发展，浙江精神"求真务实、诚信和谐、开放图强"的精神内涵也在不断丰富和发展，充分展现了浙江人民的高度文化自信和文化自觉的精神风貌。可见，浙商精神也是浙江精神的具体体现。"浙商精神"和"浙江精神"二者具有价值的一致性。

一、新时期浙商精神和技术创新关系

新时代的浙商,在具体业务、产业选择、资源能力、经营管理等方面都采用了新的方式,彰显新的时代特征。当代浙商精神的发展目标就是树立现代商业精神和市场开放理念。为此,浙商群体思想也从"财富浙商"向"人文浙商"转变,从"境遇浙商"向"境界浙商"转变,从传统的关注企业利润到倡导企业的社会责任。追根溯源,浙商精神与浙江精神一脉相承,浙商精神是浙江精神的重要思想来源。浙商精神的产生有其特定的地域特性和历史渊源,并且不同时期的浙商精神都有不同的历史内涵。浙商精神对经济持续发展作用与浙商不畏艰难、不断开拓创新的技术创新实践密不可分,是浙商技术创新的内在思想动力和价值创造的源泉。因此,探究浙商企业的技术创新和管理创新的深层次原因,需要从浙商群体文化方面深入挖掘,从浙商的地域背景予以阐述,包括浙商发展的地缘环境、历史演变和群体特征等,深入理解浙商技术创新背后的创新文化基因。

浙江省地处东南沿海,海域面积辽阔,海岸线为全国最长。宁波以南沿海区域航运业十分发达,促进了海内外贸易的往来。秦汉以来,杭州、宁波、温州等沿海地区的人们通过出海、航海,去过日本、菲律宾、马来西亚等许多国家,而且建立了密切的商业关系。在此过程中,浙江人的思想也变得更加开放,对外来文化和外来思想是海纳百川、兼收并蓄。与此同时,取人之长、补人之短,这也逐渐变成了浙商精神中的一部分。

二、新时期浙商精神的内涵

新时期的浙商精神源于浙商的拼搏实践活动,具有丰富的精神内涵。浙商在企业经营过程中始终将"诚信"作为最基本的经商规范,将追求企业经济利益和遵守现代市场经济规则相结合,将遵循市场规律和遵守社会主义道德相结合。此外,浙商始终将"企业效益原则"放在企业发展的重要环节,只要条件合适,即便微利,也愿意发展相应的制造产业。在实践创新过程中,始终树立追求卓越、开拓创新的拼搏精神。一方面,通过观念的创新与市场创新相结合,以浙商精神为引领作用将人力、物力、财力等要素与市场资源有机整合;另一方面,通过技术创新积极推动浙商企业转型，不断调整现有生产格局和生产方式，积极推动企业经营方式从"粗放型"向"集约型"转变。

（一）吃苦耐劳、坚韧不拔的创业精神

任何形态的经济发展都必然植根于特定的文化，通过文化的支撑以获得持续的生命力，从而推动经济形态的可持续发展。浙商技术创新离不开浙商的传统文化，特别是浙学传统对企业技术创新方向引领、产业经济发展的巨大文化推力作用。由于技术创新面临研发风险、市场风险和财务风险，而持续防范这一风险除了有效的管理机制外，离不开浙商最宝贵的优良传统，其中包含的是一股逢山开路、遇水架桥的闯劲，滴水穿石、绳锯木断的韧劲，锲而不舍、百折不挠的干劲。而在新时期，浙商企业更需要将这一精神融入企业研发实践，不断推动企业的技术创新。例如，浙商的代表性万事利集团紧跟智慧经济、人工智能大趋势，每年锲而不舍地对丝绸产品进行更新换代，并围绕丝绸的发展方向，将销售总收入的3%以上投入到设计研发环节，旨在用创意和科技为推动纺织印花技术的数字化与智能化，最终实现丝绸行业"工业4.0"进行了大量的探索和实践。

（二）重商亲商、市场敏锐的创新精神

浙商成功的重要因素是具备强烈的赚钱欲望，然而赚钱却绝非浙商的唯一目标。浙商往往通过敏锐的市场嗅觉掌握市场的需求和变化，在价值创造过程中不断挖掘价值需求，并通过技术创新实现产品的研发、生产，并最终市场销售从而推进价值实现的过程。正如马克·扎克伯格所说："创新就是致力于解决长期的问题。"言下之意是创新者需要具有长远的目光。而马云说："创新是一种非常有效的解决问题的方法。"在他看来，创新者还要有问题导向。其实，这恰恰是浙商身上的那股气质，浙商在企业技术研发中既有长远的眼光，也一直围绕企业发展问题进行创新，有明确的市场导向性。浙商凭借这种创新的锐气，不断走"前人没有走过的道路"。

（三）谦逊低调、兴业报国的担当精神

一方面，浙商普遍比较低调，面对取得的成绩往往不喜欢张扬，低调做事是浙商的共同特点。浙商信奉一条规则：只做不讲，或者多做少讲。低调做人做事成为浙商的共同特点。其根本原因在于"经世致用"的务实

思想已经渗入浙江人的血液骨髓，成为一种集体无意识的人文精神。另一方面，浙商把这种务实精神融入爱国之中，体现了特别注重弘扬兴业报国的担当精神，要富而思报。能力越大，责任越大。一个懂得感恩的人，才能成就他生命和事业的高度，企业也是如此。企业的发展离不开社会，每一家企业都应履行自身的社会责任。阿里巴巴集团将每年收入的千分之三用于支持公益，目前这个"千三"计划累计已超过 10 亿元。"解决的社会问题越大，你所得到的回报会越大，你的企业也会越大。"马云如是说。心怀感恩、回报社会，这正是一家负责任的企业所应追求的境界，这大概也是浙商这个"全球最大商帮"通行天下的秘诀。

（四）抱团打拼、合作制胜的团队精神

由于企业技术创新具有复杂性和长期性，任何单独的研发行为都存在较大的市场风险。因此，如何更有效地规避风险，提高创新的效率成为浙商需要考虑的重要问题。特别是浙商在进行产品销售和市场营销时，往往团结一切可以团结的商业力量，并将这些力量为企业所用，通过有效的研发合作取得成功，这一实质就是浙江精神中的团队合作，抱团打拼的精神。如果说浙江经济有一定的模式，那么这种模式的最核心内容就是所谓"蜂群效应"。这种"蜂群效应"产生的力量不仅是支持浙商从事经济活动的强大后盾，而且还是浙商远离家园没有失去精神家园的依靠。这种技术创新过程的"蜂群效应"也是在缓慢发展过程中自发形成的：在改革开放初期，浙商普遍采用行担经济，即通过行李和扁担等自然市场行为团结起来。而在 20 世纪八九十年代，在外的浙江商人往往进行小型的聚集，相互帮扶。进入 21 世纪，则是"哪里有市场，哪里就有浙江人"。根据市场需求变化，浙江在全国建立了大量的各种类型的商会。通过"蜂群效应"，使浙商能够更有效地积累并利用民间社会关系资源进行产品和技术创新实践，通过产业集群、商业群聚的不同类型方式，浙商能够更好地利用民间金融资本，扩大企业的融资范围和融资力度。

（五）开放大气、稳健务实的奋斗精神

企业的技术创新往往难度较大、时间较长，这需要企业有长期奋斗的准备。而浙商在企业技术创新过程中稳健务实的奋斗精神支持企业从事长期的技术研发和产品更新换代过程。以时间为轴，浙商围绕技术创新进行

产品研发、创造价值的开放大气之势跃然纸上：1979年，长兴县长城公社几乎与安徽凤阳小岗村同时开始实施家庭联产承包责任制；1984年，浙江全省实行联产承包责任制的生产队达到99%以上；1991年，浙江全省乡镇企业总产值突破1000亿元大关，个体工商户猛增到100余万户，私营企业1万多家……"十二五"期间，浙商的出口额、对外投资额等数据均领先全国。尽管以现在视角来审视，浙商"走出去"是浙江外向型经济模式天性使然。然而，在改革开放之初，这一行为更多是受浙江自然资源先天不足的禀赋驱使。最初浙商从事生意是迫于生计。在解决生计问题之后，开放进取的浙商并没有止步，而是变被动为主动，向省外乃至世界进军。

（六）诚信守法、"微利是途"的法治精神

企业技术创新具有一定的规律性，如何有效把握其内在规律成为企业发展的基础。浙商在企业经营过程中始终将"诚信"作为最基本的道德规范，将追求经济利益和遵守现代市场经济发展相结合，将遵循市场规律和发扬社会主义道德相结合。把诚信原则"讲诚实、重信用、求质量"运用到商业交往中，而不是强调一定要多么高的利润。只要条件合适，即便微利，也愿意发展相应的制造产业。改革开放初期，相比南粤、上海等地，浙江的商业资源、资本几乎都是零基础。如今风云一时的浙商，当时很多是泥腿子。但是他们硬是凭着创新进取，从鸡毛换糖开始，走遍千山万水、吃尽千辛万苦，聚沙成塔，一步步成长起来。起步阶段一穷二白的浙商，脆弱到市场的风吹草动就会夭折。正是靠一次次诚信为本的经典案例，才让浙商最终赢得了市场信任。例如，20世纪80年代，如果没有武林广场的怒烧假货，温州皮鞋可能早就湮没无闻了。改革开放近40多年来，无论是在国内还是国外，浙商每到一个新城市，都是诚信守法老实做生意，同时仗义疏财，热心公益慈善，深受当地欢迎。如今，尽管面临着粤商、苏商在国内外的大踏步追赶，浙商依然风轻云淡。

（七）追求卓越、开拓创新的拼搏精神

企业在技术创新过程中，需要树立创新的思想观念，以思想指导具体的创新实践活动。一方面，通过思想观念的创新与市场创新相结合，以浙商精神为引领作用将要素市场有机整合；另一方面，通过技术创新积极推动浙商企业转型，不断调整现有生产格局和生产方式，积极推动企业经营

方式从"粗放型"向"集约型"转变。从改革开放初期大力发展民营经济，鲁冠球、冯根生等开创中国企业走上世界舞台的先河，到互联网时代勇攀"互联网+"高峰，马云、丁磊等引领云计算、大数据时代风潮，再到掀起"大众创业、万众创新"浪潮，王麒诚、胡玮炜等占领新的经济增长点，浙江前进的每一步，正是中国从站起来、富起来到强起来的缩影，凝聚着一代又一代浙商的求索与顿悟、奋起与自强，背后始终有奋斗精神在支撑，有浙商精神在牵引。通过观念的创新与市场创新相结合，将要素市场整合在一起。随着习近平总书记提出的"绿水青山就是金山银山"的绿色理念深入人心，浙商通过技术创新积极转型，不断调整现有的格局，从粗放型向集约型、从中低端产品转向高端定制产品，从普通制造转向智能制造。并且创新对外投资方式，促进国际产能合作，形成面向全球的贸易、投融资、生产和服务网络，从而加快培育国际经济合作和竞争新优势。这一系列产业格局的转变更离不开浙商追求卓越、不断开拓创新的拼搏精神。

三、浙商企业技术创新过程中的资源整合能力

企业技术创新面临着许多难题，要坚持企业技术创新、集约发展，必须具备系统化的思维方式，通过对生产系统中的所有资源进行有效组织和管理，遵循技术创新的规律性，围绕企业的转型升级，不断调整产业结构，构建有效的企业发展战略、管理运营体制、适当的组织架构和运作方式以提高劳动生产率。由于企业在本质上是一定资源的集合体，即各种人力、物力、财力、信息资源等在时空上按一定规则动态地组合在一起才能构成企业及其运作的基础和前提。因此，企业在技术创新过程的实质就是资源整合的过程。资源整合是指企业对不同来源、不同层次、不同结构、不同内容的资源进行识别与选择、汲取与配置、激活和有机融合，使其具有较强的柔性、条理性、系统性和价值性，并创造出新的资源。在资源整合的过程中，企业既需要充分认识到企业内部资源和外部资源的差异性，也需要认识到内外部资源在企业价值创造过程中的一致性。通过企业有效的组织和协调，把企业内部彼此相关的人力资源、财务资源、技术研发资源等彼此看似分离的智能予以协调统一配置。同时，把企业外部既参与企业价值创造，又拥有独立经济利益的合作伙伴整合成一个为客户服务的系统，即将外部资源等同于企业内部资源让其为企业价值服务从而取得"1+1>2"

的市场效果。可见，企业资源的配置包含两方面含义：其一，资源定位，即确定企业资源的具体分配方向和领域，并围绕企业技术创新的方向予以资源要素的有效匹配；其二，资源整合，即按照一定的市场规律将企业内外部资源进行有机组合，并围绕企业的具体研发目标予以资源要素的优化整合。

（一）资源整合方式

企业在技术创新过程中的资源整合既是企业围绕研发目标和市场需求进行战略调整的手段，也是企业在价值创造过程中进行有效经营管理的具体实践活动。由于技术创新具有复杂、周期性长的特点。为此，技术创新就需要优化资源配置，而这一配置并非单纯的某一资源的优化，应当以企业价值创造目标下的整体最优。特别是在"互联网+"时代，企业更需要充分发挥虚实两种网络优势，提升创新资源整合的能力，加强资源优化配置的管理决策。其实质就是围绕企业的价值创造发展战略和市场需求对有关的各种创新资源进行重新配置，以凸显企业的核心竞争力，并寻求资源配置与客户需求的最佳结合点。如从各种网络联系中，寻求最优的创新源、技术源、信息源和人才源等，借助网络整合创新资源，目的是要通过组织制度安排和管理运作协调来增强企业的竞争优势，提高客户服务水平和创新水平。按照各类企业之间进行资源整合方式的差异性，可以把资源整合分为三种典型形式：纵向整合、横向整合和平台式整合。

（1）纵向整合。纵向整合是指企业将处于一条价值链上的两个或者多个厂商联合在一起结成利益共同体，围绕企业技术创新战略目标进行研发创新，致力于整合产业价值链的各种外部资源，创造更大的企业价值。例如，温州小商品市场就是通过浙商企业对产业链上游的商品生产资源和产业链下游的销售渠道进行整合，企业在技术创新过程中紧紧围绕市场需求的变化及时协调商品生产的原材料等，避免资源浪费，从而控制上下游的营销、货源以及物流等渠道。其价值创造的实质是推动上下游关联企业的价值重组和生产的过程。

（2）横向整合。横向整合是指企业在整个行业产业链上的同一层面中获取、整合经营业务，把目光集中在价值链中的某一个环节，并探讨利用哪些资源，怎样组合这些资源，才能最有效地组成这个环节，提高该环节的效用和价值。这一整合方式与纵向资源整合不同。纵向资源整合是把不同的资源看作位于价值链上的不同环节,强调的是每个企业要找准自己的位置,做最有比较优势的事情,并协调各环节的不同工作,共同创造价值链的最大化价值。横向整合的资源往往不是处于产业链内,而往往处于本产业链外。例如,浙商企业往往通过整合某一产业链中的某一环节,将该环节的资金、技术、人才、资源等进行有效整合,从而加快企业的技术创新能力,生产出满足市场需求的产品。其价值创造的实质是推动同级企业的价值要素关联和再生产的过程。

（3）平台式整合。从技术创新的资源整合方向来看,无论是进行纵向还是横向的整合资源,都需要把企业自身作为所整合资源的一部分,考虑怎样联合别的资源体系以得到最佳的资源配置效果。而平台式资源整合却不同,它考虑的是将企业自身作为一个独立平台,在此基础上整合供应链各环节的供应方、需求方甚至第三方的资源,同时增加双方的收益或者降低双方的交易成本,自身也因此获利。其价值创造的实质是将合作伙伴和自身的价值作为整体价值,以整体价值创造作为共同的目标,共享各自的资源,加强资源的社会协同,不断加快数字化和平台化发展的进程,通过统一的供应链管理,不断加快企业转型之路的发展速度。

（二）资源整合能力的提升

资源整合能力是企业的核心竞争力之一。因此,企业需要强化整合资源的理念,提升整合资源的能力,优化资源配置使之为企业发展服务。浙商能够特别敏锐地把企业内外部的资源运用好,更重要的是能识别技术创新市场的不均衡,抓住市场的潜在机遇。企业整合资源的能力同时也是衡量企业能力的主要指标。浙商在技术创新过程中,充分体现了灵活运用发明、进行创造的精神,最终通过资源整合完成产品的创新,实际上包含两方面的整合能力:一是系统性、整体性的资源整合能力;二是局部性、细节性的资源整合能力。这说明,浙商企业在资源整合过程中既注重宏观,又注重微观;既注重整体,又注重细节。

由于资源整合是一个复杂的动态过程。因此,浙商的企业家首先需要具备对资源、要素的洞察能力,在对企业进行详细洞察分析之后,将不同内容的资源进行选择、汲取、激活和有机融合,使之成为系统性和价值型的资源体系,诸如自然资源、物质资源等有限的传统资源以及包括知识资源、信息资源等新资源,通过有效利用,使资源发挥新的经济功能。一方面，浙商的资源整合成为企业绩效的重要源泉；另一方面，资源整合也成为企业树立竞争力、发挥市场竞争优势的主要源泉。在实践中，浙商通过多种途径提升资源整合能力（见图 5-1）。

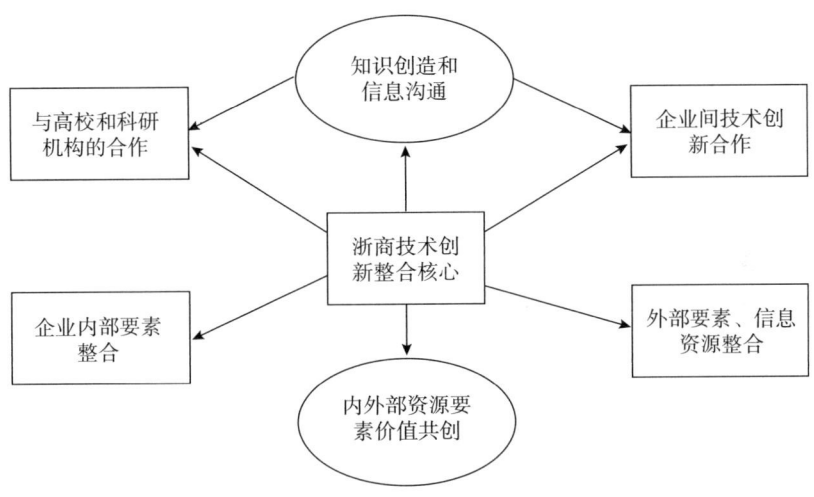

图 5-1　浙商资源整合模式

其一，浙商企业通过与科研机构、高等院校联合资源进行技术创新，并通过产学研过程中的知识转移，弥补企业在技术、知识能力、人才储备等方面的不足，通过互动学习促进企业创新能力的发展，从而提升持续的技术创新优势。

其二，浙商企业在技术创新过程中，往往通过与其他企业间的合作，将各自优势资源和劣势资源进行互补结合，识别、汲取有价值的、与企业内部资源相适应的诸如隐性技术知识等外部稀缺资源，加速信息的沟通和共享，促进知识和技术的创造和有效的转移，提高应付复杂情况的能力。并融入这些资源到企业自身资源体系中。此外，通过对外部资源和内部资源进行有效的衔接融合，充分激活企业内外部资源，提升和发挥内外资源的效率和效能。

其三，浙商企业打通企业内部各个资源要素环节，整合企业上下游资源，从公司高层到管理人员，始终将创新作为企业发展的基础，各个部门之间分工协作、协同共进，构建出层次清晰、分工明确、合作紧密的创新体系来实现有效的协作。将零散的个体资源系统化、组织化，并不断融入到组织资源之中，转化成为组织资源，最终为浙商企业的跨越式发展奠定保障基础。

其四，浙商企业将国外的技术优势和中国的低生产成本、市场优势相结合，以中国广大的市场为依托，在技术、产品生产方面实现优势资源互补，促进企业的快速发展。特别是面对互联网技术、人工智能技术发展的当下，充分利用最新的科技资源，加快促进新资源和传统资源的整合，通过拓展新资源提高传统资源的使用效率和效能。激活新资源，促进隐性技术知识等新资源的涌现，积极提升产品的技术含量。将市场信息有效吸收分解转化为生产目标，从而形成技术创新源头，并建立有效的产品设计核心体系，最终实现技术实力转化为产品能力的过程。

此外，当前互联网发展已经打破了时间、空间和地域的界限，为企业全方位的资源整合提供了有利条件。阿里巴巴就是一个典型的搭建平台整合资源的例子。它整合了供应商和需求方的信息，打造了一个信息平台。供应商和需求商可以通过信息共享平台交换信息，进行资源交换，达到最佳的交易效果，而阿里巴巴则通过收取服务费盈利。类似的成功例子还有提供旅游资源共享的携程网、整合外卖资源共享的饿了么、整合汽车租赁业务的滴滴快车等平台。总之，浙商企业资源整合过程中需要从产业定位、市场定位和产品定位三个战略层面上进行资源选择，即首先确定产业整合的市场目标是什么；其次，确定该企业整体发展的市场目标是什么；再次，确定企业能够通过技术创新的要素整合实现的产品目标是什么，通过资源购买、资源并购等方式汲取并合理配置不同类型的资源；最后，按照相互匹配、互为补充及相互增强原则对企业内外部资源进行充分激活和有效融合，充分发挥其最佳的效益和效能。

浙商企业将资源整合作为企业技术研发的基础，通过资源优化配置，形成良好的技术创新生态系统，通过各部门的群策群力、发挥企业内外部技术研发的协同效应，企业内部形成有效的协作机制，并通过技术创新要素的优化配置，打造成一个多层级的技术创新组织体系，充分发挥企业技术创新的效率，从而促进企业整体价值最大化。可见，在技术创新的整个资源体系中，资源整合处于最核心的位置，通过创造新资源、是提高资源使用效率和效能的前提。

第四节　浙商代表性技术创新企业案例：万向集团

万向集团创建于 1969 年，从鲁冠球以 4000 元资金在钱塘江畔创办农机修配厂开始，以年均递增 25.89% 的速度，发展成为营收超千亿、利润过百亿的现代化跨国企业集团。万向集团是国务院 120 家试点企业集团，和国家 520 户重点企业中唯一的汽车零部件企业，是中国向世界名牌进军具有国际竞争力的 16 家企业之一，被誉为"中国企业常青树"。万向以汽车零部件制造和销售为主业，是中国汽车零部件制造代表企业之一。在国内已形成 6 平方公里制造基地，与一汽、二汽、上汽、广汽等建立了稳定的合作关系，主导产品市场占有率 65% 以上。在美国、英国、德国等 10 个国家拥有近 30 家公司，40 多家工厂，海外员工超过 16000 人，是通用、大众、福特、克莱斯勒等国际主流汽车厂配套合作伙伴，主导产品市场占有率 12%。

一、万向集团的技术创新实践

1999 年，万向开始布局清洁能源，大力发展电池、电动汽车、天然气发电、风力发电等产业，累计投入数十亿元。近年来，万向与多家拥有国际先进技术的美国清洁能源企业开展合作，与上汽合作生产新能源客车、Karma 汽车与宝马公司达成重要合作伙伴关系。万向集中 49 年积累的优势，准备投资 2000 亿元以上，启动"万向创新聚能城"的建设，整体规划、统筹实施，发展新能源零部件、电池、客车和乘用车，目标是建成一家国际化、高科技的清洁能源公司。此外，万向积极响应反哺农业的号召，从事种业研发、远洋捕捞及海洋产品深加工等。1996 年被原国家经贸委、财政部、海关总署联合批准为国家级技术中心。现有 7 家公司，其中上市公司 3 家，直接带动 40 多万农民致富。万向研究院，其前身是万向集团技术中心，为接轨国际先进技术，2002 年改组成公司型运行。2002 年在全国 231 家技术中心里，被评为"全国优秀企业技术中心"第三名；2003 年被评为第二名。以国家人事部批准建立的国家级企业博士后科研工作站为依托，研究院共拥有 215 名专业研发技术人员。其拥有的国家级汽车零部件实验室，出具的实验报告获得44个国家和地区的互认资格。万向每年在科研方面的投入超过销售总额的4.5%；1999~2019年，万向累计完成科技攻关项目680项，其中国家级10项、省级52项、市级18项，累计申报专利400余项并得到国家专利局受理。

同期，万向集团累计完成开发新产品、新品种数千种，新增产值20余亿元。第三代轮毂单元等18个项目被列入国家重点新产品计划。2011年，万向入选首批"国家技术创新示范企业"。长期以来，万向高度重视知识产权对企业技术创新的核心作用，建立了专门的知识产权管理机构，不断完善知识产权管理体系，积极推行实施《企业知识产权管理规范》国家标准。作为国内万向节标准独立起草单位，参与起草国际标准3项、组织起草国家标准9项、行业标准23项，累计申请中国专利2000余项。万向被认定为第一批国家知识产权示范企业、国家专利产业化（新能源产业）试点基地、首批国家企业知识产权管理规范试点企业、首批国家企业专利工作交流站，承担了多项国家专利产业化推进工程项目，获得了中国专利优秀奖2项。

二、万向集团的管理创新实践

本着企业创新、转型的自我调整意识和对人类生存、生活的责任感，万向于1999年开始布局清洁能源，累计投入近百亿元，潜心钻研，扎实积累。经过执着探索，万向清洁能源的发展路径越来越清晰——造新能源汽车，建"万向创新聚能城"。为此，在自主研发的同时，万向积极寻求与国际先进技术和领先企业的合作，用全球资源参与全球竞争，打造有全球影响力的品牌。近年来更是加大联合力度，先后与中国上汽合资合作生产新能源客车，Karma与宝马公司达成重要合作伙伴关系，将结合宝马技术资源，在未来推出一系列高品质的、拥有最前沿技术的混合动力和纯电动豪华汽车。

万向清洁能源正在形成自己的协同优势，接下来将陆续投入超过2000亿元，建一座10平方公里的"万向创新聚能城"。这座城包括新能源汽车零部件、新能源汽车电池、纯电动客车、新能源乘用车四大产业板块，是万向转型的集大成之作。这座城围绕清洁能源产业，基于未来科技应用，将成为开放、分享的创新创业平台。通过产业投资，实现产、城、人的融合，这座城将建设成绿色、智能、功能完备、生活便捷的新城典范。

案例分析

万向集团的技术创新实践表明：首先，企业应当将社会责任作为企业发展要务，坚持自主创新理念作为企业发展的核心；其次，技术创新应当设定明确的创新目标，并围绕具体市场目标，加强技术创新要素的投入，包括资金、技术、人才、管理等要素的有效配置；再次，企业在技术创新时要充分适应当时的社会外部环境，围绕社会需求进行开展包括绿色、智能化的产品；最后，企业在技术创新过程中强调要素整合。加强内部要素的整合，同时加强包括纵向供应链企业要素整合与横向合作企业要素整合，善于同外部市场建立良好的合作关系，通过要素整合提升产品价值和企业的技术创新能力。

第六章

浙江深化改革背景下浙商创新的路径和选择

  路径的含义是指个体在一定时间和空间内进行具体活动所形成的一段连续轨迹,往往包括个体所选择的路线、方法以到达目的地,也可以指为实现某种事件而采用的方式和方法等。技术创新的路径就是指在一定时间内,企业通过技术研发将新产品、新工艺、新技术等用新的生产方式转化为用户满意的新产品的各种具体路线、过程和相关途径的总和。从企业的发展方向来看,企业技术创新的路径就是企业群体为了实现自身的发展目标而采用技术创新手段以实现自身发展的全部轨迹过程,是企业实现最终战略目标的方案集合。当前,传统能源技术和新能源技术处于共存和互助发展的状态。随着浙江经济的快速发展,经济和自然发展的矛盾日益激化,如何寻找到适合浙江经济和自然环境和谐相处的低碳经济发展模式成为浙江在新时期经济发展亟须解决的重要问题。浙商企业作为浙江经济发展的重要力量,首先,应在行业供给侧结构性改革要求下不断加快企业的结构调整,转变经济发展方式,向碳排放量少的产业转变,加快绿色产品和绿色技术的研发和生产,并且在技术转型过程中逐步实现产业转型;其次,浙商企业应当综合评估自身的经营状况,制定详细的技术创新准则,明确企业的绿色发展方向,有效落实企业的绿色管理体系;再次,在生产经营过程中,加大对每个环节的具体监管,落实清洁生产机制,最终突破低碳技术壁垒的限制;最后,浙商的创新方式和方法也有所不同,所采取的途径相比以往单纯的创新路径也有所区别,更多地强调以市场化推动企业的发展方向和产品研发路径。

第一节 技术创新推动的浙商制度创新过程

一、浙商技术创新路径的基本模型

20世纪60年代以来,通过企业实践和理论创新,不断出现各种类型的技术创新模型,围绕企业技术创新的具体轨迹,根据不同的行业特征和企业发展实践,阐述了不同类型产品的技术创新具体路径,最初构建的技术创新模型都是线性模型,包括技术创新和市场交互模型、链环—回路模型、莲花型模型和系统集成网络模型。而近年来随着企业技术研发难度的提高、研发风险的提升以及内外部市场环境的变化,企业技术创新的路径也更为复杂。

(1) 技术和市场交互作用模型。该模型认为技术和市场两大要素相互结合并且共同作用于企业,推动了技术创新,根据该交互模型,市场和社会之间通过交互作用产生新的产品创新思想,通过产品研发到产品生产再到销售再到市场,每一个阶段都伴随着价值增值的过程,最终形成一条完整的创新价值链。在这一条创新链上每个环节的交互都能促进产品和技术创新(见图6-1)。

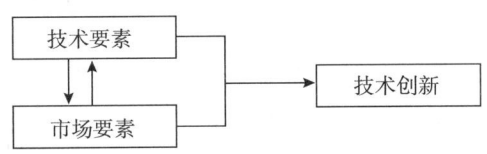

图6-1 技术和市场交互作用模型示意图

(2) 链状—回路模型。由于企业技术创新需要把产品引入市场,并经过市场的终极检验。因此,技术创新的周期较长,是一个螺旋上升的过程。企业往往通过多条创新路径、多条市场反馈回路和多个管理、研发环节同时进行产品创新,通过优化利用各种内外部资源,尽可能地提高企业技术创新的效率。而在企业内部,创新链环节中的各个部门包括研发部、市场部、生产部门之间都是相互配合的，在企业外部，企业往往与上游原材料供应企业和目标用户加强联系。最终构建链环—回路创新模型如图 6-2 所示。

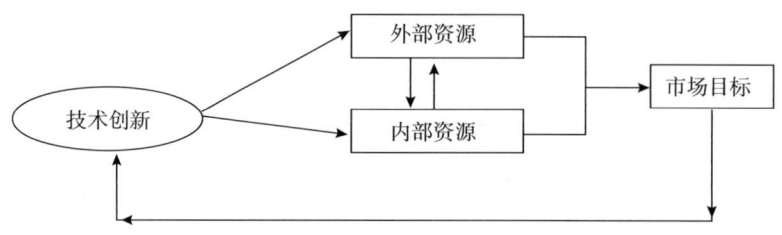

图 6-2　链状—回路模型示意图

其中，包括将企业研发的产品投放到市场后出现的市场反馈；企业技术创新过程中的创新中心链、企业技术创新过程中的知识共享与更新与技术创新之间的关系等。在企业创新过程中，通过内外部资源的匹配优化，以及知识层面的重塑，推动企业内外部各种资源的优化。此外，企业技术创新路径还包括以市场需求为核心，围绕市场目标变化推动企业技术创新的发展过程。

（3）莲花模型。该路径模型最早由 Debra M. Amidon 提出。主要包含微观、中观和宏观三个具体层次模型。其中，企业技术创新的最内层表示微观经济层，主要表示对企业内部各个部门之间功能的集成，其核心是技术创新团队、核心管理团队、市场营销部门等在企业范围内的相互作用和知识共享以促进技术创新。而中间层是中观经济层，强调的是企业、上游企业（供应商）、下游企业（分销商）、同行的企业、互补企业、政府机构等在内的各种不同类型机构所形成的某种网络式的关系，即与企业技术创新有关的创新关系网络。这一网络将外部的资源和企业内部的需求点相结合，拓展技术创新的知识范围，通过创新网络增加企业技术创新的具体价值。而最外层代表宏观经济层，代表企业的技术创新应该与企业面临的宏观经济形势密切相关，及时观察社会经济和国际形势的变化，并采取相应的应对措施。

（4）系统集成网络模型。英国经济学家克里斯托·弗里曼提出了系统集成网络模型，即企业除了自身的技术创新外还需要推动以企业为核心要素的组织制度的创新，而相关组织制度的创新更需要和其他创新主体间进行相互作用。各个创新主体主要包括企业、大学、科研院所、金融机构、政府机构等通过相互作用构建成一个具体的网络体系,即创新关系网络,同时,企业技术创新受到了外部环境的影响,包括外部组织、内部制度、社会环境、政治法律等外部因素,最终的集成网络需要将内外部各个要素进行有机的整合。

二、浙商制度创新—环节集中过程

浙商企业在制度创新过程中,更加关注各环节的集中。通过具体各类环节集中实现制度的改进。相比其他企业,浙商企业在创制初期就具有明确的市场导向,特别是在市场方面能够对技术信息、市场需求信息比较敏感,并且对市场准备较强的激励机制,通过有效的市场集中,使浙商的企业家更具领导力,能够树立良好的领导者权威,从而便于企业内部技术创新环节之间的协调。浙商企业的创新环节与整个供应链环节密切相关,从供应链的原材料阶段到产品销售阶段,供应链关联着各种物质资源的变化和流动,以及与物质资源相关联的产品信息与资金的有效流转。企业的运营是通过创新环节的业务流动来驱动的,但是需要依靠信息流的流转才能实现对工作流、物流和资金流的组织、控制和协调。只有做到物流、资金流与信息流的有效同步,才能做到对企业技术创新全过程的有效监管和控制,否则对企业技术创新有关的业务管理难以覆盖到具体的细节。

在浙商企业技术创新的各环节中,与技术创新有关的信息环节非常重要。特别是从信息发展的角度来看,在当今企业内外部各种信息量包括环境信息、产品信息、市场信息等信息剧增的情况下,只有依托以互联网和与技术创新有关的数据库为核心构建有效的企业信息系统,才能保证信息的完整性、精确性和及时性。浙商企业在技术创新过程一方面,采用了最新的信息技术能够有效改善供应链的动态特性,以便于企业对相应市场波动和产业变化做出准确预测,并围绕相关市场数据的波动及时采取有效的研发措施;另一方面,信息系统的广泛应用使企业技术信息的传递由原来的线性结构变为网状结构,并最终形成一个庞大的复杂网络,信息的传递依赖于不同节点的信号传输。为了提升技术创新的效率,这实际上需要企业在整个供应链的各个环节加快实施信息实时共享,一定程度上消除了企业与外部市场对比时所产生的信息不对称,避免研发信息与市场信息的相对传输延迟,最终通过缩短供应链长度和网络节点数量,提升技术创新的有效性。

三、华东医药集团技术创新案例实践

华东医药股份有限公司成立于 1993 年,主要从事抗生素、中成药、化学合成药、基因工程药品的生产销售,以及中西药、中药材、医疗器械等的批零经销业务,是一家集医药研发、制药工业、药品分销、零售、医药物流为一体的大型综合性医药上市公司,承担着国家、省、市政府药品的特储任务。公司于 1999 年 12 月在深交所成功发行 5000 万 A 股股票(股票简称:华东医药,股票代码:000963)。在全体华东人的努力下,华东医药集团公司连续三年被列入中国最大 500 家企业集团之列,2003 年被列入中国医药企业 100 强第 18 名,浙江省医药企业中企业规模位列第一位,经营业绩位列第二位。目前,公司注册资本 14.58 亿元,公司及主要下属子公司现有职工 8000 余人。2017 年,实现营业收入 278.32 亿元,归属于上市公司股东的净利润 14.80 亿元。

以"服务大众健康"为己任,致力于药品的开发、生产和贸易,不断推出疗效显著、剂型先进的药品。杭州中美华东制药有限公司生产的人工发酵冬虫夏草制剂(百令胶囊)能有效提高人体免疫机能,是国家中药一类新药,拥有自主知识产权;环孢素微乳化制剂口服液、软胶囊(新赛斯平)是器官移植领域抗排异反应首选药物;阿卡波糖片(卡博平)是治疗糖尿病药物;泮托拉唑钠肠溶胶囊、粉针剂(泮立苏)是治疗消化道出血药物;杭州九源基因工程有限公司生产的重组人粒细胞集落刺激因子注射液(吉粒芬)能有效提高白细胞数量;杭州默沙东制药有限公司生产的注射用亚胺培南/西司他丁钠盐(泰能)是临床急救领域抗感染药物,辛伐他汀片(舒降之)是降低血脂药物,非那雄胺片(保列治)是治疗前列腺疾病药物,非那雄胺片(保发止)是治疗脱发药物;杭州朱养心药业有限公司生产的治伤胶囊是根据 400 年传统工艺秘方制作的纯中药制剂,国内独家生产,成为治疗骨伤科镇痛消炎的良药、国家中药保护品种。

吗替麦考酚酯及其片剂,获全国首家生产批文,成功规避了进口制剂的行政保护,抢占了市场的先机,与环孢素形成免疫抑制剂领域的优势互补,获中国发明专利优秀奖。2011 年销售收入 1.5 亿元。阿卡波糖及其片

剂，为国内首家仿制，获 6 年保护期，开创了公司糖尿病用药领域的先河，填补了我国在治疗糖尿病领域长期依赖进口药物的空白，获得国家教育部科技进步一等奖。2011 年销售收入超 3.5 亿元。发酵冬虫夏草菌粉，浙江省最早的国家中药一类新药。2011 年销售收入超 5.6 亿元，成为浙江省医药单产品销售规模最大的产品。重组人粒细胞刺激因子注射液，被誉为"中国第一针"技术填补了国内空白，国内市场占有率第二位，获国家重点新产品和浙江省科学技术进步奖二等奖，2011 年产品销售额近 1 亿元，占九源基因全年总销售的 55%。

华东医药的案例表明，企业的发展始终坚持高标准，围绕医药市场发展需求以糖尿病、消化系统用药等为突破口，坚持技术投入和资金投入，对供应链环节进行控制。一方面，加强企业内部资源的整合，通过企业信息化建设，提升技术创新的效率，推动产业化发展；另一方面，加强企业外部资源的整合，积极同国外企业合作进行产品和技术研发，提高研发的成功率，最终取得产品的试制成功。

第二节　技术创新推动的浙商平台创业

随着电子商务企业的兴起和互联网经济的发展，各类平台型组织开始兴起，如淘宝、美团、饿了么等通过构建第三方平台进行创业成为平台创业的重要形式。以阿里巴巴等电商企业为例，通过围绕电子商务相关领域的技术创新推动了包括云计算、人工智能、大数据等多个领域的集成系统创新，并且以支付宝为核心构建了庞大的支付宝生态支付体系。浙商的社会责任与平台经营模式的有效匹配成为平台发展的重要因素。浙商创新、创业需要将发展平台经济作为推动企业发展的重要基石。特别是国家"一带一路"倡议，构建完善的跨境电商平台必不可少，通过跨境电商业务推进其他企业的发展。浙江以中国自由贸易试验区建设和积极探索建设自由贸易港为"龙头"，加快推进一批开放试验示范区建设，提升各类平台包括集中管理平台、生产平台、研发平台等的开放水平，通过平台信息的共享互通，加快要素的传播，从而构筑一流国际化营商环境，打造对外开放新高地。首先，需要建立完善的企业技术创新服务平台，涵盖的功能主要包括技术研发服务、生产资源服务、技术成果转化、产品推广服务，以及产业人才培训和交流服务等。通过创新服务平台体系构建完善相关创新服务功能。其次，企业应当构建完善的技术创新平台。特别是应当围绕当前的大数据理论框架体系、人工智能服务体系等积极展开前瞻性布局，开展科学研究，鼓励新理论、新方法和关键技术的开展和探索，围绕企业发展的方向，积极引导和鼓励数据分析理论、方法和应用。最后，在产学研方面开展企业核心试验构建完善的支撑平台和开发性研究构建技术支撑。通过平台技术的提高，提升企业技术创新的有效性。

一、大数据背景下的技术创新平台建设

（1）构建完善的基于大数据分析系统开发平台。随着企业技术创新对数据分析能力和分析水平的加强，企业迫切地需要建立大数据分析系统开发平台，构建专门面向大数据分析技术的支撑平台与系统，从而实现大数据机器学习算法的高效并行化，为各种机器学习算法提供统一的、用户透明的调度过程。构建两个面向大数据分析的算法库：面向大数据统计与机器学习分析处理基础算法的并行算法库、面向大数据挖掘技术核心算法的并行算法库。突破大数据背景下深度学习、数据挖掘等各类应用的共性问题，研究解决人工智能背景下如何进行深度学习、如何挖掘核心数据等基础算法的并行性，研究并行编程框架及其支撑系统。通过大数据分析，提升研发的效率。

（2）大数据分析系统测试评估和可视化平台。随着对市场数据和研发数据的有效运用，如何进行综合测试，加强数据的有效性，构建完善的测试方法和手段，并建立综合型的测试数据集合，成为企业进行数据评估测试的重要环节。浙商企业往往加强对平台评估和监管，通过平台的系统监测提升技术创新的有效性。一方面，需要构建大数据分析系统测试评估平台从而实现各种大数据分析方法和系统在多种数据对象、应用场景下的主客观质量测试和应用验证；另一方面，提供先进的可视化显示环境，提供对目标数据分析效果的高效可视化，提供高度沉浸式、高像素分辨率的大规模可视化设施，最终形成有效的大数据分析可视化展示平台，并在安全、交通等方面建设包括多种应用在内的大数据重大应用示范与系统集成。通过大数据分析测试和可视化，提升信息的质量和管理的效率。

二、技术创新机制构建:"一站式"技术创新服务平台体系建设

浙商企业不断加快技术创新的核心推动力来源于对企业更高利润的追逐。不同于一般的商业模式创业,只是更多地关注顾客价值,销售模式等。企业技术创新的难点在于将新技术运用与产业生产,其面临的市场机遇更大,面临的市场风险也更大。一方面,这一创新特征与浙商群体固有的独特精神理念即浙商精神相关;另一方面,浙商企业技术创新的持续进展离不开完善的机制要素,包括构建较为发达的金融体系、完善的信用制度和其他相关配套制度包括市场制度和信息流动、法制环境等。特别是在新常态下,企业需要针对外部市场环境制定相应的发展措施,围绕企业发展目标构建完善的创新服务体系。一方面,浙商企业在技术创新过程中往往通过建立科学分类、合理多元的评价体系来评估企业科研和技术创新绩效;另一方面,浙商企业坚持推动产学研一体化建设,完善创新投入体制和科技金融政策,充分利用国际创新资源,强化创新伙伴关系。

针对当前企业技术创新面临着融资高、成本高、周期长、环节多等系统性难题时,浙商企业充分利用内外部各种创新服务平台,通过"一站化"的管理,提升了相关技术服务的有效性。新型的科技创新服务平台包括构建包含各种要素的企业资源库、相关联的服务联盟、科研机构库、招才引智体系、专家库等,并且围绕相关的政策信息、技术需求等形成了一个庞大的复杂网络。通过网络间的信息流动、知识共享等环节,最终实现技术创新。一般的复杂网络中,常用"连通性"指标分析复杂网络的抗外部环境的干扰程度,即将受到随机蓄意攻击或随机故障时的鲁棒性用网络连接属性予以测量。而企业技术创新过程各要素所组成的复杂网络具有人际网络和物理复杂网络的双重特性。因此,为衡量各个要素对整个技术创新网络的具体作用和传播特性,本书用网络效率函数 $E(G)$ 来度量企业技术创新要素关联或传播的鲁棒性(抗干扰性)。构建企业技术创新要素关联的鲁棒性度量模型如式(6-1)所示:

$$E(G) = \frac{1}{N(N-1)} \sum_{v_i \neq v_j \in V} \frac{1}{d_{ij}} \qquad (6-1)$$

其中,参数 N 定义为复杂网络的节点数量;参数 d_{ij} 代表节点 i 和节点 j 间企业技术创新要素的具体作用路径。因变量 $E(G)$ 表示企业技术创新要

素关联过程延时的平均值。故由式（6-1）可知，网络传播效率和节点数目以及企业技术创新要素节点间的传播距离成反比。这实质上反映了企业技术创新要素的关联作用效率依托于技术创新复杂网络各相应节点，并与网络间距离和其承载内容有关（见图6-3）。

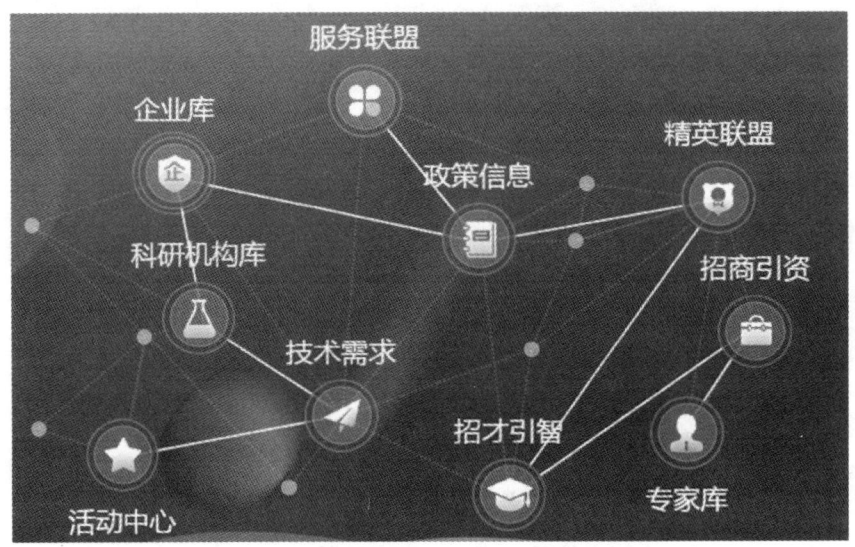

图6-3 科技创新服务平台与企业技术创新联系

浙商企业提供包括引入技术资源、获取政策资金、项目深度咨询等"一站式"技术创新服务，发挥降低创新成本、提高产品性能、缩短研发周期、提高企业利润的服务价值。通过专业的创新规划引导企业持续技术创新、发展创收、转型升级，促进企业实现向创新驱动型公司的转变，帮助企业在市场中提高竞争力。利用特色创新空间，包括特色小镇、国家资助创新示范区等平台加快浙江拓展发展的新空间成为企业技术创新的重要途径。例如，华立集团是浙江省乃至全国较早"走出去"的企业之一。凭借多年积累的宝贵经验，华立集团在泰国投资建设的泰中罗勇工业园，已经成为浙江与泰国交流合作的重要载体，是中国首批境外经济贸易合作区之一，也是首家在泰国开发建设的中国境外工业园区，凭借投资规模、产业定位及完善的配套产业链成为最好的境外经济贸易合作区之一。

自20世纪90年代初在广交会获得首笔出口订单起步，正泰集团的国际化发展至今已20余载。如今，正泰拥有3大全球研发中心、5大国际营销区域、14家国际子公司、22个国际物流中心,为130多个国家和地区提供产品与服务。让产品和服务"走出去"的同时,正泰强调还要"走进去",通过因地制宜地创新商业与管理模式,让正泰能扎根海外市场,并用海外市场的先进经验"反哺"国内工厂。越来越多的浙商参与到"一带一路"的建设,乘风破浪,扬帆远行,使浙江省众多优势成熟产业、产能在更大范围进行配置。这不仅推动所在国家(地区)发展,也打开了自身跨国经营新空间,提升了浙江经济的国际化水平。

第三节 浙商的技术创新路径选择

企业的技术创新是一个长期高投入的过程。这不仅需要企业进行资金投入,还需要政府对企业进行相应的资金支持。政府R&D资助对提升企业的技术创新效率有显著的正向影响,较大的企业规模与较强的市场竞争都有利于创新效率的提升,即处于寡头格局下的竞争性市场结构更有利于创新效率的提升;地区异质性尤其是制度环境差异是导致创新效率差异的重要因素。因此,要提高创新效率和创新能力,不仅要加大企业自身R&D投入和政府的R&D资助,更重要的是从根本上解决企业技术创新的体制问题,进一步健全和规范市场竞争秩序,努力形成区域技术创新网络,建立有效的现代企业组织管理机制,从宏观、中观、微观三个层面为企业技术创新提供制度支持。不断加强迭代开发,特别是技术的发展始终围绕客户的具体需求,针对不同个性特征的细分群体,积极通过技术手段关注顾客感知绩效、期望满意度等因素,通过加大资金投入或技术引进等手段提高产品技术研发的有效性。

一、技术创新的实现路径

(一)不同阶段的企业技术创新路径差异

原始创新的实现路径。实力较为雄厚的企业通过原始创新,研发核心技术,打造核心能力。特别是通过足够的投入实现产品、工艺、体制创新等的相互联系和发展关系。将技术和产业创新的演变过程分为流动过程、转化阶段和特性阶段等。其中,流动阶段使得创新需求源于要素的不确定性,使相关的产品在技术和商业上处于试验阶段。转换阶段反映了产品从试验阶段到商业化的过程,使产品创新率大幅降低。而特性阶段则使产品在中后期阶段围绕工艺创新来降低成本。可见,技术创新能够推动产业的跨越性发展,实现产业上升到新的技术平台。

从技术创新—经济增长模型来看,企业技术创新存在四个核心因素,包括财务业绩、客户需求、内部业务流程和学习成长。其中,财务业绩与企业的发展目标密切相关,客户需求直接反映企业的发展方向,内务业务流程与技术创新的具体实践相联系,而学习成长则直接与企业的发展空间相关,拥有较强的学习能力成为企业技术创新的重要核心要素。而学习能力的提高需要一方面提升原有技术的优势;另一方面,加强新的技术理论和方法的学习。浙商企业在技术创新中往往先做好整体规划,然后进行方案的科学制定,围绕具体的问题进行创新实践。

浙商企业在技术创新过程中首先应当适度扩大市场需求,加强供给侧结构性改革,着力提高供给体系的质量和效益,围绕信息安全产业、电子商务产业、电子信息制造、互联网产业、软件和信息业等加快转型,在"两化"融合方面加大投入。将产品的技术创新演变过程和产品生命周期所经历的导入期、成长期、成熟期、衰退期密切结合,将其细分为流动阶段、转换阶段、特征阶段。其中,在流动阶段,企业更多地明确创新需求,将用户或外界的各种需求解读为企业技术创新的技术要点;而在转换阶段,需要将已经解读的技术要点进行市场的商业化运营,并更具市场需求淘汰某些非主导的产品,而让少数优秀产品占领和主导市场并进行大量的生产。考虑到产品创新率的降低,这一阶段,企业需要开展节约能源、降低能耗,开展成本竞争等工作。而在特性阶段,此时的产品已经处于产品生命周期的成熟期,面临着更加激烈的市场竞争。因此,技术创新的要点已经更多地转移到通过工艺创新降低产品的生产成本,并争取对产品进行更新换代以适应市场的需求。

(二) 技术创新背后的企业二元性问题

对于许多浙商企业而言,浙商企业面临着市场环境和制度环境的复杂性,以及许多二元矛盾,这就需要处理二元平衡(市场和政府、国有和民营、探索型和利用型）国际化等，最终需要通过重构客户价值主张、价值创造等过程实现商业模式创业，或者通过开展节约型创新等利用后发优势改善产品，甚至利用破坏性创新过程提升创新实践（见图 6-4）。

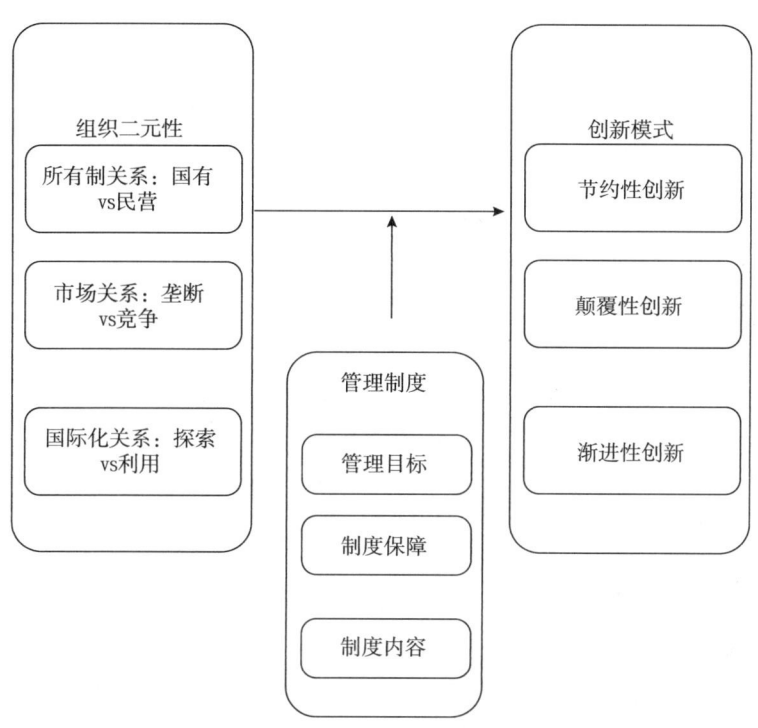

图 6-4　浙商技术创新路径示意图

对于浙商企业而言面临着不同的市场二元性，包括如何构建企业与政府的关系。首先充分利用政府的政策红利，避免政府的市场干预成为企业技术创新的重要外部因素。其次，需要考虑作为民营企业和国有企业在市场竞争中如何加强自身的体制优势，即使面对技术和市场的劣势，也能快速通过探索式创新来提升企业的能力。而在企业技术创新过程的核心是价值创造，不同于单纯的商业模式创造，更多地强调客户价值主张，技术创新的核心是价值创新，需要围绕企业的核心目标加快产品价值创造速度，提升核心价值。而对某些并不是非常依赖技术的企业而言，可以先通过商业模式的创新，通过转型升级以适应客户价值主张和价值创造和获取等活动，最终当企业技术创新能力达到一定程度后，可以更进一步加快技术的变革速度，真正做到完全的技术创新，最终实现某一产品在该产品所在行业的颠覆性创造。

二、技术创新能力演化路径研究

企业技术创新具有一定的路径依赖性，即企业的发展依赖于知识路径或技术路径的积累，并通过现有的知识和技术推动企业的市场竞争力的进程。在开放式的创新条件下，创新的思想既可以来自内部研发部门，也可以来企业的外部，比如通过外部购买的方式积极获取创新的成果。这种创新能力演化的路径是企业对现有技术知识基础理性选择的结果，这对企业的发展将会产生两方面的效应：其中，正面的效应是提升企业的知识累计效应，提升企业的长久竞争力。负面效应是技术锁定，由于过于强调某种技术的累计，导致其他企业的更有前景的创新难以在这类路径依赖性的企业中生存。而这一过程依赖于企业自身的技术储备等。构建消费者和企业间的博弈模型。二者之间的交互影响遵循着有限理性和不完全信息等演化博弈的基本假设。每次博弈都是一个消费者和一个企业间随机配对进行，假设消费者的行动集合为高质量产品消费，低质量产品消费，企业的行动集合为高质量产品技术创新，低质量产品的模仿创新。消费者选择高质量产品技术创新的比例为 ω，选择低质量产品的模仿创新比例为 $1-\omega$。企业选择高质量产品的技术创新比例为 θ，选择低质量产品的技术创新比例为 $1-\theta$。根据鹰—鸽博弈的思想建立消费者和企业高质量产品创新发展的演化博弈收益矩阵如表 6-1 所示。

表 6-1 消费者和企业的行为选择和收益矩阵

		消费者群体	
		高质量产品（ω）	低质量产品（$1-\omega$）
企业群体	高质量产品技术创新（θ）	$\pi+k\pi+f_1-c_1$, $v+kv-c_2$;	$\pi+f_1-c_1$, v
	低质量产品模仿创新（$1-\theta$）	$\pi+k\pi+f_1-c_1$, $v+kv-c_3$	π, v

资料来源：作者绘制。

在收益矩阵中，v 和 π 分别表示消费者和企业不选择高质量产品和低质量模仿产品的一般收益；$-c_1$ 表示企业研发时所需要的基础成本。用 V_1，V_2 表示消费者选择高质量产品和低质量产品的期望收益，构建模型如式（6-2）、式（6-3）、式（6-4）所示：

$$V_1 = \theta(v+kv-c_2) + (1-\theta)(v+kv-c_3) \qquad (6-2)$$

$$V_2 = \theta v + (1-\theta)v \qquad (6-3)$$

$$\overline{V} = \omega V_1 + (1-\omega) V_2 \qquad (6-4)$$

同理，企业选择生产高质量创新产品和低质量模仿产品的期望收益为 U_1，U_2 表示。企业群体的平均收益 $\overline{U}$ 分别如式（6-5）、式（6-6）、式（6-7）所示：

$$U_1 = \theta(\pi+k\pi+f_1-c_1) + (1-\theta)(\pi+f_1-c_1) \qquad (6-5)$$

$$U_2 = \theta(v+kv-c_2) + (1-\theta)(v+kv-c_3) \qquad (6-6)$$

$$\overline{U} = \omega U_1 + (1-\omega) U_2 \qquad (6-7)$$

根据 Malthusian 动态方程原理，可以获得企业和消费者交互的复制子动态方程为：$\frac{d\omega}{dt} = \omega(V_1 - \overline{V})$；$\frac{d\theta}{dt} = \theta(U_1 - \overline{U})$。令 $\frac{d\omega}{dt} = 0$，$\frac{d\theta}{dt} = 0$ 对复制子动态方程求解，得到系统的 5 个局部均衡点。分别表示为（0，0）、（0，1）、（1，0）、（1，1）和（ω^*，θ^*）。根据该模型，产品技术研发过程（高质量或低质量）与技术创新存在较强的博弈关系，在博弈过程中，创新轨迹的选择成为浙商企业进行技术创新的内生动力。

可见，浙商企业技术创新的提升是一个动态演进的过程，其具体轨迹是由于浙商企业进行总体创新能力间断性跃迁所产生的。在新时期，浙商企业期望运用独立的研发力量进行企业自主创新，其往往经历了"引进模仿—模仿创新—自主创新—协同创新"等轨迹阶段。其中，引进模仿阶段主要是浙商企业率先引进先进生产技术和生产经验，企业的核心生产目的是进行产品模仿生产，并未形成创新能力。而在模仿创新阶段，企业主要是结合现有新产品，结合产品特性或市场特性对产品予以创新以适应市场的需求。自主创新阶段则是浙商企业完全具备技术研发能力，创新要素配置达到了较高水平，可以通过创新网络对现有市场和技术知识等进行有效配置，培育出具有独立知识产权的技术和产品。协同创新阶段则强调企业自身的技术研发与其他企业技术研发协同能力，通过协同研发，降低研发风险,提高研发效率。这一阶段是浙商企业技术创新的高级阶段。

第四节 浙商技术创新和管理创新案例:杭州遥望网络股份有限公司

杭州遥望网络股份有限公司于 2010 年在杭州成立,现有员工 300 余人。公司是一家优秀的互联网增值服务提供商,已于 2015 年 12 月在新三板挂牌上市,成为杭州"梦想小镇"孵化的第一家上市企业。公司创立初期,就紧追时代的发展步伐,围绕互联网时代的前沿科技——大数据、互联网生态等作为企业发展的战略核心。主要从事大数据平台、互联网增值服务平台和应用软件的设计、开发、运营,致力于打造基于 YWDB 大数据平台的垂直型"平台+应用+精准营销"的良性生态模式,深度整合互联网流量资源,为个人与企业提供优质的互联网增值服务。目前,业务涵盖互联网广告分发业务、手游推广与联运业务。遥望网络不断提升企业自身的业务能力,已经与百度、腾讯、阿里巴巴、奇虎 360、网易、巨人网络等上百家互联网知名企业达成了良好稳固的合作关系,2015 年开拓的主要业务为手游联运和发行,其中联运手游达到 800 款,9 月公司手游流水已达 1.4 亿元,2015 年全年公司营业收入突破 3.9 亿元,2016 年预计超过 10 亿元。

一、遥望网络股份有限公司技术创新实践

遥望网络股份有限公司自成立以来一直通过商业模式创新和技术创新推动业务发展,目前已经具备相关的技术能力。包括 PHP 应用开发框架、遥望 Java 应用开发框架、遥望 IM 即时通讯技术、遥望文字过滤系统、遥望智能搜索平台技术、流媒体加速分发技术、最优路径物流送货系统、分布式文件缓存系统、手机游戏充值接口平台、职能广告投放平台、海量数据分析技术。自 2016 年以来为了拓展相关业务,开始增加新媒体推广,拥抱粉丝经济与内容经济,形成全新的互联网营销商业模式。目前,通过建立泛娱乐领域的多个微信公众号,不断加强相关业务的推广。部分公众号已经位列同类型公众号前 100 名,粉丝数量达到千万。互联网信息服务业属于

完全竞争性行业，每年有很多新兴的企业加入该行业，也有很多企业被迫离开该行业。因此，杭州遥望网络近年来加大了科研开发的投入，努力提高互联网服务和相关技术的先进性，提高了科技人员的劳动生产率，在互联网信息系服务细分市场上已经具备了一定的竞争优势。

与传统行业相比，互联网行业具有用户需求转换快、盈利模式创新多等特点。如果互联网信息服务企业未能随着用户需求转变而创新盈利模式，将可能在市场竞争中处于不利地位，进而影响长远发展。因此，遥望网络自设立以来，一直以创新求突破，从第一阶段的单一互联网分发商业模式，到第二阶段的互联网广告分发+游戏社区模式，再到第三阶段的互联网广告+游戏社区+新媒体营销建立了良好的商业模式，尽管如此，仍不能排除随着互联网行业的快速发展，商业模式逐渐失去竞争力的风险。寻求创新的商业模式依然是企业发展的重要环节。

二、遥望网络管理创新实践

（1）构建成熟完善的业务体系。遥望网络在客户开拓、媒体资源甄选、广告投放效果监测与优化、产品研发与运营、游戏运营、客户关系维护等内部运作流程的各方面已经形成一整套比较成熟的标准化运作模式。企业秉承"服务创造价值"的经营理念，通过组织与整合内外部资源，致力于为广告主提供优质的广告分发服务、为游戏开发商提供高效的游戏联运服务。具体而言，首先，由于遥望网络是国内较早从事于互联网广告分发的服务商之一，经过不懈努力，已经在行业经验与分析方法、上下游资源、技术、人才等诸多方面形成了较为明显的先发优势，并且随着公司不断发展壮大，先发优势更为明显，与公司发展形成了良性循环。其次，基于互联网广告分发的经验和积累，企业适时介入手游联运领域，是业内较早利用公会资源进行手游推广的企业之一，且公司自主研发的豆你玩APP是国内较早围绕游戏和玩家构建的以互动娱乐为核心的移动社交网络平台之一，同样具有一定的先发优势。经过近几年的发展，遥望网络已经储备了丰富的媒体资源库，涵盖了PC端的网页、软件及移动端的APP市场、WAP站、WIFI运营商、移动应用程序等多种媒体资源。最后，公司与百度、奇虎360、腾讯、网易以及其他网络广告联盟等建立了深度、稳定的合作关系，大大扩展了遥望网络在行业内的发展空间。在"流量为王"的行业规则下，公司具有较大的发展潜力。

(2) 未来商业模式——精准营销+产业链全覆盖模式创新。遥望网络创始人、董事长兼总裁谢如栋曾指出，目前手游领域市场竞争激烈，初创团队生存也不容乐观，像产品立项方向不明确同质化，有技术壁垒，市场把控力度不够、手游生命周期短、资金短缺等问题都是手游初创团队遇到的常见问题。但其中的最大问题还在于目前游戏初创团队在做游戏时，忽视了市场需求，闭门造车，而且产品出来后也没有足够的资源去推广。针对这些初创团队遇到的问题，遥望网络正是发挥游戏公会在产业链方面的连接效应。比如遥望在游戏开发阶段就接洽游戏，找出游戏的 Bug，以及以从运营、发行、玩家等多种角度给游戏提出相关意见和建议，特别是公会给出专业的公会规则意见或建议。CP 根据遥望公会所给出的游戏意见或建议能够更好地完成游戏开发，最终为用户提供更好的游戏服务。谢如栋表示，手游公会作为平台商、渠道商与终端玩家之间的重要环节，承担着维系玩家对游戏的感情，提高游戏黏度的重要作用，同时公会作为与玩家的直接接触者，掌握大量的用户资源，"我们通过自建公会、吸引公会入驻、合作公会等多种方式，打造全国乃至世界最大的手游公会中心，在实现高额利润产出的同时产出大量的用户数据和终端用户资源，为游戏发行和大数据分析做好支撑"。和一些注重研发的游戏企业不同，遥望网络更多侧重于通过利用游戏公会，整合产业链去做游戏的运营和推广，在手游行业集群化、精细化发展的趋势下，发现了行业新价值。而进军海外的战略布局，也将为企业的未来增加了更多的想象空间。在新三板挂牌的遥望网络，目前业务涵盖互联网广告分发业务、手游推广与联运业务，其在手游业务的独特优势在于，是以游戏公会实现产业链的连接，即利用公会或公会联盟深度渠道分发资源为合作方提供手机网络游戏推广与分发服务，并且通过一系列结合产品属性、用户喜好及运营方式三大核心要素的精准化整合营销方案，为产业链上下游企业带来更多用户资源。

从手游行业未来的发展趋势看，正从以往的粗放型逐渐进入集群化、精细化发展的阶段。为了抓住这种趋势，由遥望网络一手创立的"遥望中国手游基地"日前也在杭州正式启动，通过整合技术力量、行业资源、产业资本，充分发挥游戏公会的垂直辐射效应，将打造出中国最大的手游应用研发运营全产业链生态基地。未来，手游基地将形成贯穿天使基金、"IP"、CP、平台、渠道、公会、终端玩家整条产业链的手游产业集聚中心，力争 3 年后产值达到 80 亿元。此次在新三板的挂牌上市，也将有助于遥望网络提升公司的盈利能力和市场竞争力，积极参与产业链的整合与开发，同时拓宽行业资源，通过成立产业投资基金的方式带动游戏与影视、动漫的跨界合作。比如，遥望网络近期深度挖掘影视作品与手游产品间的交互结点，计划推出一款古装电视剧同名游戏，目前电视剧已经拍完，预计 2020 年底播出。到时电视剧和游戏会一并推出，影游联动也将进入"IP"市场。数据显示，2014 年我国自主研发网络游戏海外市场实际销售收入达到 30.76 亿美元，游戏行业成为我国文化"走出去"收入最多、影响力最大的文化产业。"走出去"的节奏和时机愈加成熟，越来越多的中国游戏企业把目光投向了海外市场。

（3）遥望网络面临的管理挑战。杭州遥望网络有限公司正面临着前所未有的挑战，一方面，企业通过技术创新在手游、互联网广告、新媒体等领域取得了一定的成绩；另一方面，由于公司商业模式的创新和变革，从互联网精准广告，逐渐衍生到手游、新媒体营销各个领域，管理团队和员工数量也相应快速增长，给管理层带来了管理上的更多挑战。在企业融资、技术创新、管理风险等都带来了巨大的挑战。作为梦想小镇第一家上市企业，遥望网络的商业模式创新从未停止，坚持做垂直细分市场，通过优化服务，提升产品质量，在垂直细分市场取得垄断地位。2017 年是新媒体崛起的一年，遥望网络开始搭建相关的自媒体平台，并结合已有的电商平台，进一步构建"精准营销+产业链全覆盖"的商业模式，6 月企业将完成 IPO 申报，这种模式能否在上市后取得成功呢？这成为谢总裁心中的一个新的问号。

本案例启示在于：企业在进行技术创新时，始终将价值创造作为企业的研发目标，并根据消费者的需求积极探索企业的发展方向，将管理创新作为企业创新的重要辅助手段。加快商业模式创新，加强企业的垂直化管理。

第七章
浙商的多元化管理创新与实践

　　管理创新往往是组织形成以创造性思想并将该思想转化为有用的产品、服务、作业方法等的全过程。浙商企业的管理创新源于企业具体的管理实践，与浙商企业家敢于拼搏、不断进取的浙商精神密切相关，在具体的管理过程中，并不拘泥于单纯的企业利润，相反是把市场前景、企业责任、企业价值创造有机结合在一起，通过创新实践不断将创造性的思想转为有价值的产品和服务。浙商在技术创新的同时，往往把新的管理要素（包括新的管理方法、管理手段、新的管理模式等）或者各种管理要素组合重新引入企业管理系统从而围绕企业价值创造更有效地实现组织目标的活动。有三类因素将有利于组织的管理创新，它们是组织的结构、企业文化和组织人力资源实践。①从组织结构因素看，完善合理的企业结构对技术创新有正面影响，与组织结构的完善一定程度上带动了富足的资源发展，从而能为创新提供重要保证；而组织间密切的沟通有利于克服组织创新的潜在障碍。②从组织文化因素看，充满创新精神的组织文化通常有如下特征：组织更加富有包涵精神，组织可以接受某些创新过程的模棱两可，容忍看似不切实际的创新思想。特别是组织在创新过程中，受到外部的控制较少，对风险的感知度较高，在实践过程中更加看重创新过程而非具体的创新结果，在一定程度上为浙商技术创新奠定了良好的文化氛围。③在人力资源这一类因素中，有创造力的浙商企业往往积极地对其员工开展培训和发展，以使员工保持知识的更新，提升员工的知识创新能力。同时，它们还给员工提供较高的福利待遇和优厚的工作保障，以减少员工担心因犯错误而遭解雇的顾虑，客观上推动了员工创新的积极性；组织也鼓励员工成为创新能手；一旦在实践过程中产生新思想，创新能手们会主动而热情地将思想予以深化、提供支持并克服阻力。可见，相比于企业技术创新，浙商的管理创新更多地通过有效利用管理工具对管理知识、管理方法上予以创新，包括设定崭新的研发管理创新、生产管理创新、供应链管理创新、信息管理创新等。从价值创造的角度，浙商通过技术创新提升了产品的内在价值，而管理创新则提升了产品的附加质量或称附加价值。即浙商通过企业技术创新和管理创新协同作用，优化资源配置，共同创造了产品的价值。

第一节　浙商管理创新意识和企业内部激励

一、管理创新机制下的制度创新

企业制度创新，又称企业制度再造。其核心是通过对企业具体制度进行变革，通过制度化的管理，整合企业的各种生产要素。而在市场经济过程中，企业最为重要的制度就是构建完善的创新机制，其核心是为了实现企业管理目标，通过规范化、制度化的创新活动完善企业的生产经营方式、转变企业具体的经营理念。浙商经过实践构建了完善的管理创新动力机制，不断激励企业进行高效、优质的运行并完成具体的预订目标。具体而言，首先，浙商企业家善于发现新的市场机会，并且通过构建完善的制度保证加强创新投入强度和结构，在实践中不断提升科技人员的整体数量和科技素质，提升各类资源创新的有效性。其次，浙商企业强调其采用最新的前沿科技服务对应具体的经济领域，不断推动企业的创新实践。再次，浙商企业构建了各种有效的激励机制，包括物质激励和精神激励等，通过有效的激励措施鼓励员工进行内在驱动的创新。而这就需要浙商企业构建制度创新体系，在明确现代企业"产权清晰、权责明确、管理科学"的现代企业制度下，进行自主经营和自负盈亏，始终以市场为导向，通过制度保证加强企业产权制度创新、融资多元化、管理科学化、产业规模化，特别是产品的多元化。最后，产品的多元化更需要企业制定有效的创新管理体制，明确企业未来的发展战略，做好具体的创新决策，通过有效的措施激励员工以带领企业员工进行创新实践活动。在实践创新过程中，始终突出浙商自主创新意识和企业内部的相关激励机制的统一。强调某些经营较好的浙商企业积极转变企业家的价值观，将个人行为转变为企业团队行为，最终实现企业全体员工、全过程的创新。

浙商进行管理创新的前提和基础是对企业产品所在的产业有清晰的认识，并对产品有明确的市场定位，围绕企业产品特征和行业发展方向进行有效创新，而其核心和关键是在加强和提高主业的基础上发展相关产品或服务的多元化。一方面，围绕企业主要业务进行产品创新，继续加强和提高主业的管理和控制；另一方面，通过进行融资或产权制度创新，引入更优质的生产经营技术，或者进一步提升企业的人力资源整体水平，包括更有素质的劳动力、更为高效的研发团队等。并在企业技术创新和管理创新基础上发展相关产业的多元化，围绕多元化经营吸引更多与之相匹配的社会资源包括社会关系、经营理念、方针政策等，通过协调创新，形成和发展企业的产权制度，从而促进企业的经营和发展。例如，浙商代表性企业西子联合控股有限公司和美国奥的斯公司合资，成立西子奥的斯电梯有限公司，通过让美国获得股权，获得最先进的技术和管理。但企业在经营过程中，通过股权制度创新，依然掌握着经营活动的实际控制权。

二、管理创新机制下的企业内部激励措施

管理创新机制的核心是企业通过构建有效的内部激励机制，一方面，通过有效的激励，激发和强化技术创新人员的创新积极性，通过激励提升了企业技术创新的效率，客观上有利于技术人员有效合理利用创新资源进行技术创新，从而保证技术创新人员能够长期有效地进行企业技术创新；另一方面，可以形成有效的创新文化和创新氛围，有利于树立企业全员创新的理念。

浙商企业对员工乃至内部组织的内部激励措施主要包括四种类型（见图 7-1）：

其一，浙商企业往往在组织内部构建了公平有效的市场竞争机制，保证组织内部的技术人员积极参与技术创新实践，通过竞争提升技术创新的有效性。特别是许多企业都要求通过组织内部的各部门间，特别是不同类型的研发部门间加强合作性竞争，减少技术创新的内部竞争风险。其二，浙商企业在组织内部对创新群体进行有效的奖励，既包括现金、股权等物质奖励，通过物质奖励提升技术研发人员的研发热情，满足研发人员的基本物质需求。同时，通过组织荣誉等精神奖励提高了员工从事技术创新的

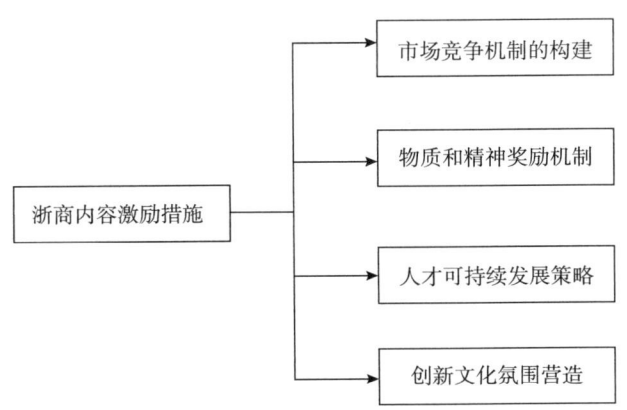

图 7-1　浙商内部的各种激励措施

持久热情、提高了员工对企业的强烈归属感。其三，浙商企业在技术创新过程中始终将人才策略作为企业发展的重要举措，重视企业的各种人才发展机制，特别是重视人才的职业发展，通过培训、学习等方式不断提升企业内部员工的综合素质，尤其是技术创新人才的知识更新速度和创新能力，积极推动企业员工整体创新水平的提高。其四，浙商企业善于营造有效的企业创新文化氛围，通过多种途径积极宣传技术创新的意义和创新人才的事迹等，鼓励员工进行技术创新鼓励，员工通过各种方式积极参与到具体的创新实践活动中。

总之，浙商企业在创新管理中，始终通过有效的内部激励措施，既包括物质激励也包括精神激励。通过激励，提升企业进行产品价值创造的动力。浙商的具体激励机制也为其他国内企业进行有效的技术创新活动提供了具体有效的工作思路和活动范例。

第二节　浙商人才培养机制和创新环境

经过改革开放 40 多年的经济高速发展，中国中小企业的数量超过 7000 万，全部各类型企业近 8000 万，企业的数量和规模都得以迅猛增长。相比企业数目的增加，由于中国的独生子女政策的影响，中国人口数量增长的速度却逐年在降低，2018年相比2017年净人口增长量不足900万。这一人口政策对国家的经济发展产生了长远的影响：一方面，人口增长过缓使中国企业失去了人口红利，并产生了一系列新的人力资源管理的问题；另一方面，由于总人口增长速度小，社会老龄化加快，劳动力成本进一步提高。客观上，由于企业劳动力的选择和机会更多、劳动者的文化和素质更高等，但社会的文化和教育却未能跟上发展，劳动者的文化、见识有了显著的提升从而使劳动者的理念和价值观也有了显著的变化，再加上随着科技的进步和企业规模的扩大，使企业在技术创新过程中进行相应的人力资源管理变得更繁杂困难。特别是由于人才是企业发展的内在动力源泉，企业管理创新实践的核心是通过培养创新人才实现企业的快速发展。传统的企业人才管理的模式和方法，已跟不上大数据时代，因此，企业急需构建并升级更科学、更合理的人才管理模式以适应社会的发展，才能使企业基业长青。浙商群体在技术创新过程中将完善人才培养机制作为企业发展的重中之重。

一、浙商企业的人才培养机制

亚当·斯密在《国富论》中明确地把工人技能的增长视为社会经济进步和经济福利增长的源泉。20世纪80年代以来，以罗默尔、卢卡斯为代表的学者提出了"新增长理论"，认为"专业化的人力资本"成为促进经济增长的真正动力。这一理论表明人力资本是企业发展的内在动力，如何充分利用人力资本是企业进行市场竞争的重要基础。

在技术创新过程中，浙商企业始终将人力资源作为企业发展的核心目标。其一，浙商企业在外部营造良好的创新、创业政策环境，提升了企业对人才的喜迎力。主要通过自己培养和外部引入两种方式，加大高层次人才的培养，鼓励高层次人才参与到企业的具体技术创新工作中。其二，浙商企业始终重视管理创新实践，特别是强调对现有人才管理方式作出创新，注重人才的培养和使用，积极发挥人才的能动性作用，激发人才参与企业创新的积极性和主动性。其三、浙商企业一直将团队人才培养纳入企业发展之中，通过设定优秀科研团队奖励策略，给予科研团队，科研带头人以绝对的权利，并通过有效的资金保障和奖励制度、创新薪酬体系和绩效考核体系，使得浙商技术创新团队的凝聚力更强。

可见，浙商企业在人才培养机制中，通过制度化、系统化的管理突出浙商创新人才队伍建设和创新人才培养。一方面，强调浙商如何加强对企业自主创新，通过建立优秀创新团队奖励机制，鼓励优秀人才进行产品的自主研发，通过物质奖励和精神奖励机制激励创新人才提升研发能力和研发效率，加快技术的研发速度；另一方面，强调了浙商企业家树立正确的创新观念，积极参与技术创新、应用创新和商业模式创新，营造和浙商精神相契合的创新文化和创新环境。

二、创新人才的管理体制构建

对创新人才的有效管理决定着企业技术创新的结果。因此，企业需要扩大高层人才培养，构建系统、合理、优化的管理体制，从而搭建高层次人才和企业共同成长的桥梁。党中央、国务院在《关于加强技术创新、发展高科技、实现产业化的决定》中强调指出：要"使产学研更加紧密地结合"，力争把大学建设成为高新技术研究开发、高层次创新型人才培育、信息集散的中心。政府要充分利用各大专院校、科研所人才、研究技术、先进信息优势，产学研密切联合，提高技术创新能力和创新效率。政府可以通过将高校与企业建立长期广泛的技术合作关系。高校或科研机构参与企业的技术改造、技术引进和国际化工作，通过技术讲座和技术培训班的方式加强技术交流。对于企业而言，对技术创新人才的培养，必须坚持知识、能力、素质的辩证统一。这就需要企业积极地和不同类型的组织合作，如高校、科研机构将技术理论通过企业转化为实践，把企业作为实验和学生学习基地，不断输入新技术，转让新研发成果；企业提供场地设备等，在负责生产销售，反馈创新技术成果的同时，获取经济效益。通过企业和其他组织的共同发展、共同成长，将企业的技术创新能力发挥到极限。

技术创新是企业发展的不竭动力，而人力资源则是创新的第一资源，人才发展是企业发展和提升企业核心竞争力的重要因素。因此，从发展方向来看，企业竞争实质上是人才的竞争。而浙商企业往往构建了完善的创新人才管理体系，致力于提升人才的综合素质和整体创新水平：一方面，在企业内部通过营造良好的创新环境，促使创新人才感受到企业创新的外部氛围，提升创新人才的创新热情；另一方面，以创新制度化为基础，通过引入相对人性化的管理方式，灵活地对创新人才进行绩效考评，从而有效地稳定科技人才队伍从而使企业的人才发展获得了巨大的提升。

第三节　浙商科技管理体制创新与产业升级

企业在管理创新过程中需要改变既有的管理体制。需要加快企业的体制创新。即对企业各种组织构架和运行关系进行科学调整和对企业内部资源进行合理优化，从而为优化配置和高效使用企业的各种生产要素奠定制度的保证。从宏观层面来看，企业体制创新的根本目标是建立产权清晰，权责明确，政企分开，管理科学的现代企业制度，全面解放和促进企业生产力的发展。这既是企业改革的方向，也是推进企业信息化的重要基础；从微观层面来看，浙商企业体制创新更突出浙商如何完善自主创新机制，加强企业内部创新科技管理体制创新。特别是许多浙商企业往往是家族式企业，企业在管理过程中往往是家长式管理，企业负责人的创新想法理念很大程度决定了企业的创新理念。因此，需要强调浙商从内部建立完善的自主创新机制，变革家族管理模式，实行制度创新，通过完善的创新制度，培育内部有效的创新文化，强化创新激励机制。而随着数字化、智能化等技术的发展，传统产业面临着巨大的挑战，这就需要运用高新技术有效改造并提升传统产业，加快传统产业升级和产品的更新换代，以提高产业的市场竞争力。

一、浙商科技管理体制创新方式

（1）加强企业经营管理思想的创新，构建完善的管理流程。管理思想的转变，管理理念的更新，是中小企业信息化建设的难点和关键。浙商在现代经营过程中不断推动企业信息化的过程，以信息化推动企业工业化发展。企业信息化不是简单地用计算机来代替手工劳动，也不是将传统的管理方式完全照搬到计算机网络当中。相反，浙商企业引进现代的经营思想和管理理念，对不适应市场经济落后的经营方式僵化的组织结构，低效的管理流程等进行全面的深刻地变革。通过构建完善的管理流程，不断减少企业的管理运营成本，提高企业管理的有效性。否则，信息化优势将难以发挥，企业的管理水平不但难以提高，甚至会增加管理的成本。

(2) 加强企业组织结构的创新，优化部门职能。尽管在经济体制转轨时期，企业需要按照市场经济体制和运行机制的要求，对组织结构进行变革，基本建立起现代企业制度。但是，由于对企业的管理规律、市场经济规律、企业自身发展规律等的认识需要一个过程，企业组织结构的调整不可能一步到位。特别是企业在信息化建设过程中，业务流程的重组、规范，对企业组织结构调整也提出了新的要求。过去通过行政拼凑臃肿的部门，忽视效率，职能交叉，结构不规范的问题必须改变，否则难以进行企业管理的系统化设计。相反，在企业技术创新实践过程中，组织结构越简单，管理的效率和经营的灵活性越高，信息化建设越容易推进，成效也越明显。因此，浙商企业需要紧密结合信息化建设的实际，在改进业务流程的同时，对组织结构作出相应的调整，对各职能部门的设置及职能进行分析研究，改变各职能部门之间相互分割，职责不清的状况，重新优化组合。对经理人员的配置，也要进一步精简，尽量减少层级，实施扁平化管理，提高效率。

(3) 加强企业管理规范和业务流程的创新，深化劳动人事分配制度改革。有效的管理规范和业务流程再造是适应市场机制的一种体制创新。管理规范是企业管理的基础，企业加强管理必须建章立制、照章办事。浙商企业在实践过程中为了推进企业信息化建设，对管理规范和业务流程往往进行调整和动态更新，一方面，使企业从采购、研发、生产、销售、财务以及后勤保障等各个环节，都建立起更加合理的规范和工作流程，并予以书面明确和严格实施，通过构建完善的制度保障信息化建设的顺利进行；另一方面，通过合理设置管理职责，管理程序和信息流程，使企业内部的信息传递和对信息的编纂整理具有更高水准，形成企业完整、健全的反馈和控制网络，从而促使企业在运营管理成本、产品质量、售后服务、产品流通速度等方面取得重大改进。同时，浙商企业在构建创新体制的过程中，始终将深化企业内部劳动人事和分配制度改革作为企业发展的重要基础，坚持构建面向市场的劳动分配体制，建立激励与竞争体制，逐步形成内有动力，外有压力，充满生机和活力的企业经营体制。

二、浙商技术创新推动产业升级

浙商在企业技术创新过程中，始终考虑市场需求，不断对市场的广度和深度进行细分,提高了企业自身对市场的敏感度。特别是在规划创新战略时,根据自身条件:①针对市场空白开拓某一领域的创新,从而带动行业的升级。由于没有前人的经验和成果积累,技术开发难度大,但市场回报率较高,市场竞争优势较大。②针对应用性较强的技术领域进行开拓创新,围绕市场具体需求,集中企业优势重点研发能够快速获取市场的潜在份额。③以国际化视野,追随市场和行业发展基础上的创新。及时了解市场的发展动向,提高研发投入费用,根据企业自身的实力,将眼光放眼于国际化舞台,密切关注国际环境的动态变化,立足全球,始终关注国际标准,包括安全标准、环保标准、产品标准等,通过信息的搜集和反馈,及时调整企业的创新策略。

(1) 单纯的产品竞争向品牌质量竞争的转变。新浙商企业传承了改革开放以来浙商积累的物质财富和"四千精神",快速成为现代中国最有影响的商业力量,迅速将商业实践活动辐射到全国各地,通过产品、资本、管理模式的输出,不断增强企业在市场竞争中的话语权。在新时期,浙商企业在产品价值创造过程中,更需要强调产品价值的市场效应。因此,浙商逐步注重产品质量和品牌形象建设,通过不断提高生产工艺,提升产品质量、降低产品成本,争抢市场份额,并通过积极参与到市场和行业的技术标准制定,逐步扩大在商贸活动中的商业影响。

(2) 市场战略的转变:从"浙江经济"向"浙江人经济"的转变。习近平总书记指出:"'浙江人经济'启示我们,新时期,浙江要在新的起点上实现又快又好的发展,既需要'立足浙江发展浙江',又必须'跳出浙江发展浙江',以在高基点上确保目前的发展不停步,将来的发展可持续。""浙江人经济"的巨大成功,就在于不是狭隘地关注地方利益,而是鼓励外向开放型经济的发展,突破传统的行政区划限制,"走出去"创业,组成善于相互合作、能量巨大的商团,不断拓展新的空间。可见,浙商企业在技术创新实践过程中,客观推动了"浙江经济"的现代发展,特别是"浙江人经济"催生了"浙江经济"升级换代的内在需求,突破了浙江经济发展与资源短缺的矛盾。同时,也增加了"浙江经济"的发展内涵和实力,有竞争实力的浙江商人遍布世界各地成为"浙江经济"发展的重要力量。浙江侨商也关注家乡发展,积极回乡投资兴业,进一步推动"浙江人经济"与"浙江经济"的融合。

(3) 创新方式转变:模仿改良型到创新型的转变。改革开放以后,浙商企业通过模仿、复制和不断借鉴吸收国外新技术或产品并进行产品的中国化、本土化，逐步提升产品品质，改良生产工艺，形成有中国特色的技术创新体系。浙商广泛参与并创造了高铁、支付宝、共享单车和网购等所谓"新四大发明"，并在一系列商业技术创新领域取得了巨大成功。进入21世纪以来，浙商同样面临着经济动能转换的迫切局面，对具有更高科技含量的原创性创新有了新的巨大需求，浙商积极从国外技术和产品的"二次创新"逐步向"原始创新"转变，摆脱原有的路径依赖，从客户端创新向上游的供给端创新进行延伸，通过技术创新用上游更高科技含量的创新手段走出新路，走向世界。

（4）政策推动到法治引领的转变，技术创新推动创新环境的变化。浙商企业的快速崛起与浙商群体善于吸纳海内外资源和力量，借助外来资源寻求自身发展，并能准确把握政策方向，吃准政策红利的敏锐性分不开。在改革开放初期，部分浙商存在依靠政策空当引起利润快速提高，以及存在一夜暴富的情况。但是随着市场经济体制的逐步完善，生产组织形式的逐步规范化，浙商越来越注重管理企业向法治引领的转变，在法律许可的范围内从事企业经营活动。法律的延续性、公平性、稳定性能够充分保障企业和经营管理者的合法权益不受侵犯，为个人、企业从事各种经营活动提供了较为稳定的法律基础，稳定的法律环境特别有利于企业良性投资行为。

（5）草根创业向精英创业转变，通过学历层次提升创新层次。凭借着"千言万语，千山万水，千方百计，千辛万苦"的"四千"拼搏精神，浙商企业取得了巨大的财富和成就。小商小贩走南闯北、走街串巷的"鸡毛换糖"式的草根经济是浙商初创的主要特征。随着浙商群体的不断壮大，浙商群体注重知识文化教育，注重眼界和战略格局，相关产业逐步向市场高端发展，浙商群体学历能力层次大幅提升，掌握产业技术前沿，将文化知识转化成为商业财富，积极向精英创业转变，成为浙商新的发展特点。

第四节　浙商代表性管理案例实践：浙江物产集团

浙江物产集团有限公司成立于1996年，是由原浙江省物资局转制组建的大型国有流通企业,是中国120家试点大型企业集团和浙江省20家重点培育的流通企业之一。浙江物产以大宗商品流通和生产性服务业为主业,"神话"改革、开拓创新,旗下拥有400余家成员企业,2家上市公司(物产中大600704,物产中拓000906)。其业务遍布全球70多个国家和地区,员工近2万人。浙江物产经营规范,经济效益、综合实力名列前茅,于2003年改制为国有控股型企业。2011年曾入围世界500强,并连续4年排名不断上升,2014年排名345名。公司是2018年位居世界500强270位、中国大型的大宗商品流通服务集成商之一、浙江省政府直属的特大型国有企业物产中大集团股份有限公司的主要成员企业,母公司已于2015年完成上市(股票简称:物产中大,代码:SH600704)。

一、浙江物产集团的多元化技术创新实践

该公司已发展成为以金属材料流通为主业、油品和木材贸易为次主业、酒店经营、投融运营、物业租赁、生产资料生产等多元业务为补充的大型集团企业,总资产逾152亿元。2017年公司完成营业收入773亿元,销售实物量3564万吨,其中钢材销售1387万吨,铁矿砂1608万吨,油品100万吨,煤炭301万吨,木材117万立方,进出口总额14.9亿美元。浙江物产集团积极推进流通产业化战略,按照"主业联动,内外一体,贸工结合"发展方式和运作模式,将生产资料流通融入到现代生产性服务业中,促进贸易主业和流通、金融、实业互动发展,扩大主业经营规模,通过技术创新,积极创新商业模式、上控资源、中联物流、下建网络,探索发展新业态,推进连锁经营、物流配送、电子商务,打造物流、信息、金融三大服务业的功能性支撑平台,提升改造传统主业,在强大主业中走集约化发展道路,努力优化主业结构,分散经营风险,从品种、业态、盈利模式单一的传统机会贸易,转到集贸易、投资、金融、物流、加工于一体的商务模式,实现了主业的跨越式发展。

(1)实施战略升级,明晰新一轮发展的战略目标、方向。战略决定未来。物产集团在提前实现前一阶段战略目标的基础上,适时提出"由做大向做强升华,由战略引领向价值观引领升级"的战略方针,制定了升级规划,确定新一轮发展的总体战略目标为在价值观引领下,优化资源配置模式,继续深化创新商业模式、管理模式,推进战略引领向价值观引领升级,

将物产集团打造成为集现代的流通产业、流通方式与现代企业制度为一体的立体化供应链服务集成商,最终实现追求卓越,引领未来的愿景目标。提升发展的阶段目标是根据"系统实施,稳步推进"的要求,将实施期划分为两个阶段:第一阶段(2009~2010年),是进行布局与结构调整阶段;第二阶段(2011~2015年)与"十二五"规划相衔接,是整合与全面提升阶段。力求通过7年的升级发展,达到至2015年统计口径下销售收入2000亿元,利润总额30亿元、年实物交易量9000万吨,实现引领现代流通产业,立足世界500强的宏伟目标。

(2)实施战略协同,提升全要素配置资源配置效率。实施战略协同,强调资源的整合价值和核心资源最大化利用。首先,物产集团着重通过对集团内部的资源进行梳理、比较,继续强化战略、资金、人才、物流、文化的一体化管理,实现全要素资源的最优化配置;其次,要提升中大、南建两个上市公司的运营功能、质量、效益、效率;再次,梳理股权、产权制度优化,谋划经营优质资产进入资本市场;寻求合适的并购机会,整合社会力量,提高全要素资源配置效率;最后,依托"物流、金融、信息、研发、人力资源"五大平台,通过纵向一体化、横向一体化实现业务协同、管理协同,达到内部优势资源互补,协同发展。通过声誉、品牌、形象建设,拓展、整合、使用社会资源。从跨国公司的视角,通过知晓、利用和整合"我的资源""我们的资源""社会的资源"和"全球的资源",塑造资源要素立体化配置的方式,赢得下一轮发展的竞争优势。

(3)深化创新商业模式,实现产业领先。深化创新商业模式,尤其是实现商业模式由"形似"转变为"神似",是实施战略升级的重点,即形成更高层次的商业模式。"客户关系管理引导下的立体化供应链集成服务"模式,以供应商管理和客户管理为抓手,深化三级集成的运营模式。以连锁分销网点和加工配送增值网点为实体网络基础,对接电子商务和运用期货功能等虚拟网络,虚实结合。培育、构建网络、数字资产,延伸发展网上交易、结算,网下配送的电子商务,为客户提供功能模块化的系统解决方案。同时,将开展对成员公司现有商业模式的诊断,清晰商业模式创新理念和发展方向,钢铁、汽车、煤炭、化工、新能源、地产板块的商业模式创新要成形运作,并作为新业态的打造者、引领者,走在时代前列。

二、浙江物产集团的管理创新实践

（1）全方位开拓市场，拓展全球空间布局。市场是企业的立足之本。在新的发展阶段，物产集团将全方位地开拓市场，谋划好市场的空间布局，精耕省内、长三角市场，立足国内市场，拓展全球市场。加大省内资源把控力度，以新模式、新业态，深化整合省内分销网络和物流节点，进行浙东、浙北、浙中西、浙南制高点的平台布局和全局掌控。省外立足长三角，形成长三角明显综合优势，布局四大区域中心，连接两条经济线，整合全国资源，进行立体网络的筹划和运行。在内外贸一体化、贸工一体化中拓展国际、国内两个市场、两种资源的运作。全球主要钢铁、冶金原料供应国和需求国推广国内较为成熟的供应链集成服务模式，整合全球业务和资源。在谋划空间布局中优化市场结构，到 2015 年，达到省内市场、省外市场、国外市场的比例为 3.5∶4.5∶2，基本完成全球区域结构的调整，使物产集团成为具有国际竞争力的现代企业集团。

（2）实施全面风险管理，保障安全健康发展。市场竞争的风险无时、无处不在，时代的发展又是企业发展的一个关键节点，对风险控制的要求也越来越高。物产集团在强化内部管理的基础上，不断强化风险管理创新，围绕集团战略目标，通过在企业管理各个环节和经营过程中执行风险管理的基本流程，培育良好的风险管理文化，引入信息化风险管理手段，全面收集信息，实时监控风险，完善风险管理流程，做到全面覆盖、全员参与、全程管理，建立了全面风险管理体系，从"风险识别与预防、监测与预警、应对与处置、事后评估与重建"四个方面进行框架设计，提出了八大类经营与管理风险的防范与处置，建立健全风险管控组织、职能、制度、报告、信息、考核等体系，实施全面风险管理，为提升发展实现战略升级目标提供了有力的保障。

（3）打造五大平台，完善支撑体系。平台建设是物产集团推进流通产业化、实现主业联动和集成服务的基础。在完善原有平台功能的基础上，通过金融综合服务平台，加强财务机构、内部银行运作，建立财务公司和产业投资基金，探索供应链金融、物流金融、汽车金融等全新的服务模式，利用中大股份、南方建材，充分发挥上市公司平台的资本运筹功能。通过物流一体化平台，从杭州物流基地建设入手，打造浙江物产物流中心结点和可供"复制"的"精品物流基地",进而推进在全省东(宁波)、南(台温)、北(嘉兴)、西(衢丽一带)经济区域的物流布局,最终形成基本覆盖全省、辐射"长三角"、连接全国主要经济区的现代物流配送服务网络,形成对现代流通主业的有力支撑;通过信息综合平台,实施"大集中"的建设模式,整个集团相对统一使用一套软件(SAP)、一个系统、一个服务器、一个数据库,在统一的平台上实现财务管理、业务运营、物流管理、人力资源、风险管控等一体化管理;通过人力资源管理平台,完善人才的培养、选拔、流转和考核,强化内部培训和高管及中层骨干 MBA 外部培养,加快企业薪酬体系建设,优化考核指标结构、即时与长远薪酬结构管理和高管与员工收入结构管理,为集团提升发展提供组织保障;通过产业研发平台,整合内外部研究力量,建设物产智库,对宏观经济形势进行趋势分析和预判,针对钢铁、船舶、煤炭、化工、新能源、物流、金融、信息等产业作深入研究,形成产业先见,为集团决策和实施提供智力支持。

(4)全面进入生产性服务业,助力经济转型升级。产业升级转型最核心的、关键的因素之一是发达的生产性服务业。浙江省委省政府提出的加快浙江经济转型升级,大力发展现代服务业,特别是生产性服务业对浙江省经济和社会发展具有积极的现实意义。物产集团将紧紧抓住经济转型升级的战略机遇期,充分发挥物产集团资源渠道、分销网络、物流配送、金融服务等方面的综合整体优势,进一步完善提升台州"浙江物产先进制造业服务集聚区"现代流通和生产性服务业相结合的运作模式,以浙江省块状经济向现代产业集群升级的产业背景为依托,以制造业企业对生产性服务的需求为根本,建立带动性、辐射性、关联性、综合性强的生产性服务区域集聚平台群。在浙东宁波大宗货物海铁联运物流枢纽港重点打造现代物流和区域生产性服务结合的示范区、在浙北嘉兴独山港区重点打造制造业与服务业联动服务集聚区,在浙中西重点打造"1+2"区域(永康、武义、缙云)五金产业集群生产性服务集聚区。对接我省 21 个产业集群转型示范区,努力探索集原材料采购、贸易、设备供应、物流配送、金融服务、信息服务为一体、全产业链介入的集成服务模式,发挥大企业的引领作用,实现与区域经济互动发展,成为推动浙江经济转型升级、打造先进制造业基地的骨干力量。

(5)对标世界一流企业,做基业长青的卓越强企。物产集团将以立足世界 500 强,成为跨国公司为目标,按世界一流企业的卓越标准,来努力和衡量，即公认成功——无可辩驳的地位，在产业领域里位势较高；全球化资源配置——全球化的资源获取、整合与分配，战略性的区位与地域组合；业务组合——先进的专业化程度与价值链整合；学习与成长——能够不断学习，具有良好的成长性，销售规模、资产规模大，业绩好；运作模式——独特的商业模式与先进的管理模式的匹配；文化与人才——优秀并传承的企业文化，一支创新意识强、执行力强的人才队伍。按跨国公司的特征来打造，即风险承受能力强，竞争战略灵活多样，财务核算规范，组织管理协调能力强，生产经营活动多样化程度高。使物产集团在与世界一流企业的对标中不断实现提升发展，成为基业永固的卓越强企。物产集团的持续快速发展，在于其始终遵循和把握经济发展规律、行业变化规律和企业成长规律，始终以敏锐的战略思维能力和高超的战略管理能力对未来作出前瞻性和全局性谋划，以改革创新增添动力，以转型升级增强实力，以提升发展走向世界，成为国内流通领域的一面旗帜。

根据案例可以看出，浙江物产集团的技术创新是围绕企业发展进行的一个体系的创新，包含了对相关的风险控制、技术研发、资金配置、商业模式、流程等的创新。所有创新行为的核心和目标都是为了企业的相关技术能够更好地适应市场发展，适应当前的经济形势。

第八章
研究结论与局限

"十三五"时期,是中国民营企业加快推进企业现代化的关键时期和重要战略的关键期,浙商企业的经济发展存在着许多有利条件,包括国家施行的"一带一路"政策、国家对民营创新企业的减税政策以及对创新方面的各类支持政策等。同时,浙商企业也面临许多内外部严峻的挑战。一方面,浙商企业的外部市场环境相比以往更加严峻,包括如何摆脱中美贸易战对中国出口的负面影响,包括如何提升产品在国际市场竞争力,推动企业由传统的"资源消耗型"到"资源节约型"方式转变都成为浙商企业亟待解决的关键性问题;另一方面,浙商的技术创新是一个系统工程,需要从外部资源、内部环境、管理制度、合作体系等多方面进行协调,通过对各创新要素的整合以促进技术创新的实现。为此,一方面,浙商企业需要更加注重企业外部创新环境的动态变化,防止环境变化影响浙商的技术创新步伐;另一方面,浙商企业需要不断提升内部资源的有效利用效率,提高浙商技术创新的成功效率以及技术创新应用于产品实践的转化效率等。

第一节 主要研究结论

本书通过对代表性的浙商企业相关商业实践案例进行系统分析和总结,并结合理论模型对浙商技术创新相关理论进行系统研究,本书主要得出如下结论:

一、构建优化创新战略模式

浙商企业在技术创新时应当充分考虑市场的差异化需求,围绕市场需求变化,根据消费者行为变化不断加强市场细分,提高企业对市场的敏感性。①强调技术领域的唯一性,通过技术创新填补市场空白,从而形成某个局部市场的产品垄断。并通过获得优势市场,获取市场的潜在份额和用户。②加强内外部资源的整合,一方面,提高外部资源包括技术信息、市场信息、人才信息的使用效率,提升外部资源的有效利用率;另一方面,加快内部资源包括企业研发资源、技术人员储备、资金实力等的有效利用,提升内部资源的研发效率。

二、遵循市场需求为导向的技术创新发展模式

浙商企业始终将市场发展方向作为技术创新的核心要素,并且构建了以市场为导向的技术创新发展模式,具体包括:①优化各部门间的合作。通过市场部门、技术研发部门、营销部门等多个部门间的协作统一,创新研发技术,优化创新模式,加快产品的创新速度。②通过有效的管理创新体制保障技术创新的可实现性。其一,在技术创新过程中做好有效的风险管理控制,在技术创新之处,对市场信息进行有效的搜集,强化风险防范意识。其二,将企业各类风险进行有效的排序,做好风险识别、评估和预测,并根据可能存在的风险构建完善的管理制度,尽可能避免风险。

三、以人才为核心的浙商技术创新实践模式

浙商企业在技术创新时,始终将人力资源作为企业发展的最核心资源。始终以"敢为人先"的创新精神不断追求卓越。通过人才创新战略,加快人才的引进和培养。其一,围绕制造业重点领域,通过实施人才工程,大量引入高水平的科技领军人才和专业管理人才,积极发挥人才的能动性作用,推进核心技术和关键技术的研发。其二,加强产学研合作机制,积极将企业研发、高校研究相结合,通过健全人才激励机制,为技术人才提供有效的物质和生活保障,确保人才留得住,并能充分发挥人才潜能。其三,围绕人才队伍构建完善的研发机构,积极推动相关产业升级,促进企业产品工艺和品质的提升。

四、积极构建完善的创新体制,加快科技成果的转化效率

浙商企业的技术创新需要完善的创新体制作为保障。为此,浙商的技术创新需要政府、行业机构、企业三方面的有机合作。首先,离不开浙江政府对企业科技创新的大量支持。政府通过加快科技服务机构的建设,积极向企业提供技术专业、科技信息咨询、企业孵化等科技服务。其次,加快科技资源共享,鼓励企业有效利用相关的创新资源,积极引进国内外先进技术,并完善运作体制机制,提高管理效率。最后,浙商技术创新需要加快技术供需双向流动,提升技术的转化效率,积极把相关科技成果转化为企业的产业化成果。

第二节 主要创新点和局限

本书结合浙商的具体案例实践,从企业创新和管理创新的角度阐述了技术创新的相关理论,并阐述了管理创新的有关核心概念。以浙商的技术创新和管理创新为研究对象,通过理论建模和案例分析,阐明了浙商如何通过推动价值的提升加快企业技术创新的步伐。相比于其他研究浙商的书籍,本书也具有一定的创新点和局限之处。

一、研究创新点

(一)深刻阐释了浙商企业面临的内外部困境

浙商企业创新的目标是从浙江制造到浙江创造。从技术模仿到技术创新,从被动技术创新到主动的技术创新。而技术创新方面又包括了原始创新、管理创新和体制机制的创新。浙商企业在技术创新过程中面临激烈的外部市场竞争,企业还存在重制造轻研发、重销售轻服务等问题,在品牌战略和品牌创新方面还存在较大的问题。此外,浙商企业存在科技人才的无序流动和技术的随意扩散等问题,产权保护制度工作不到位也限制了创

新的结果。为此,需要创造浓厚的技术创新社会环境,宽松的技术创新政策环境,从而利用技术创新的引才用才育才环境和以企业投入为主体、政府投入为引导、金融及全社会共同参与的多渠道、多元化的技术创新外部支持环境。

(二)深刻阐明了浙商企业的管理创新具体经验

浙商企业面临日益严重的市场、能源、资源和环境的制约,因此,需要进一步弘扬自主、自立、自强的创业创新精神,不断强化创新动力,以创新强省委导向推动浙商的全面创新过程。具体而言,首先,构建完善的技术创新管理制度,遵循市场规律,遵循管理规律,在保护消费者权益及自然环境的基础上加快工业化和信息化的过程;其次,通过营造创新氛围,不断培育创新文化,适应社会主义市场经济体制的逐步完善,不断提升制度环境,加强企业的现代治理过程;最后,构建完善的技术创新平台,实施价值共创战略体系,通过合作建立研发机构,弥补企业创新实力的不足,加快现代化商业模式、工业发展模式的经济转型。特别是积极参与到生态建设、清洁生产、环境安全和节能减排等一系列新型市场服务体系之中,提升技术创新的价值性。

二、研究局限性

本书从不同视角阐述了企业技术创新存在的内外部困境,并围绕相关的技术创新内容从环境因素、资源因素、人力因素等多方面予以阐释,详细分析了浙商企业如何通过价值创造推动企业的发展,并在此基础上详细阐明了企业的管理创新过程。为此,本书主要存在以下两个不足之处:

(一)研究样本的局限性

本书通过理论实践和案例分析的方式,选取的大多数是具有代表性的浙商企业。然而,由于浙商企业的总数量较多,地域分布广泛,不同类型的浙商企业在技术创新和管理创新过程中仍然存在较大的差异,不少企业技术创新仍然存在一定的技术优势,而管理创新更多的是关于如何从管理角度进行相关的创新行为。因此,推论到浙商群体样本上,可能依然存在一定的局限性。

第八章 研究结论与局限

（二）研究过程的局限性

本书采取的是以深度访谈和专项调查相结合的方式，在分析浙商技术创新模式和管理经验时有可能会涉及企业的部分机密。因此，企业可能对某些创新细节略有保留，对相关的管理创新经验介绍上有所规避。但总体来说，对具体的管理方式和价值生产过程没有疑问。未来可以从更多维度来研究浙商技术创新和管理创新对社会的影响。

参考文献

[1] Bongsuk Sung. Do Government Subsidies Promote Firm-level Innovation? Evidence from the Korean Renewable Energy Technology Industry [J]. Energy Policy, 2019, 132.

[2] Jeroen J. G. Van Merriënboer, Anique B. H. de Bruin. Cue-based Facilitation of Self-regulated Learning: A Discussion of Multidisciplinary Innovations and Technologies [J]. Computers in Human Behavior, 2019, 100.

[3] Keungoui Kim, Sungdo Jung, Junseok Hwang. Technology Convergence Capability and Firm Innovation in the Manufacturing Sector: an Approach Based on Patent Network Analysis [J]. R&D Management, 2019, 49 (4).

[4] Kyle S. Herman, Jun Xiang. Induced Innovation in Clean Energy Technologies from Foreign Environmental Policy Stringency? [J]. Technological Forecasting & Social Change, 2019, 147.

[5] McDonald Fiona, Holmes Christina, Jones Mavis, Graham Janice E. How Do Postgenomic Innovations Emerge? Building Legitimacy by Proteomics Standards and Informing the Next-Generation Technology Policy [J]. Omics: A Journal of Integrative Biology, 2019, 23 (8).

[6] Min, So, Jeong. Consumer Adoption of the Uber Mobile Application: Insights from Diffusion of Innovation Theory and Technology Acceptance Model [J]. Journal of Travel & Tourism Marketing, 2019, 36 (7).

[7] Omid Noroozi. Introduction Paper Special Issue Computers in Human Behavior Multidisciplinary Innovations and Technologies for Facilitation of Self-regulated Learning [J]. Computers in Human Behavior, 2019, 100.

[8] Qiaoling Luo, Chenglin Miao, Liyan Sun, Xiaona Meng, Mengmeng Duan. Efficiency Evaluation of Green Technology Innovation of China's Strategic Emerging Industries: An Empirical Analysis Based on Malmquist-data Envelopment Analysis In-

dex [J]. Journal of Cleaner Production, 2019, 238.

[9] R. R. Tan, K. B. Aviso, D. K. S. Ng. Optimization Models for Financing Innovations in Green Energy Technologies [J]. Renewable and Sustainable Energy Reviews, 2019, 113.

[10] Tran Thi Hue. The Determinants of Innovation in Vietnamese Manufacturing Firms: An Empirical Analysis using a Technology-organization-environment Framework [J]. Eurasian Business Review, 2019, 9 (3).

[11] V. V. Smirnov, V. L. Semenov, O. N. Kadysheva, G. N. Denisov, M. M. Mityugina, M. N. Yaklashkin, V. N. Chainkov, P. G. Gorbunova. Information and Communication Technology for Developing the National Innovation System [P]. Proceedings of the International Conference Communicative Strategies of Information Society (CSIS 2018), 2019.

[12] Xiao Zhou, Lu Huang, Alan Porter, Jose M. Vicente – Gomila. Tracing the System Transformations and Innovation Pathways of an Emerging Technology: Solid Lipid Nanoparticles [J]. Technological Forecasting & Social Change, 2019, 146.

[13] Xiao-qiang JIAO. Science and Technology Backyard: A Novel Model for Technology Innovation and Agriculture Transformation towards Sustainable Intensification [J]. Journal of Integrative Agriculture, 2019, 18 (8).

[14] Yaling Deng, Daming You, Jingjing Wang. Optimal Strategy for Enterprises' Green Technology Innovation from the Perspective of Political Competition [J]. Journal of Cleaner Production, 2019, 235.

[15] Yuanzhu Lu, Swapnendu Banerjee, Sougata Poddar. Technology Licensing and Innovation-A Correction on two-part Tariff Analysis [J]. Economics Letters, 2019, 183.

[16] Yudan Dou, Xiaolong Xue, Zebin Zhao, Ying Jiang. Measuring the Factors that Influence the Diffusion of Prefabricated Construction Technology Innovation [J]. KSCE Journal of Civil Engineering, 2019, 23 (9).

[17] Zhuan Su, Wen Sun. Research on Teaching Innovation of Art Design Based on Virtual Reality Technology [P]. Proceedings of the 2019 International Conference on Management, Education Technology and Economics (ICMETE 2019), 2019.

[18] 安志,路瑶,张郁. 技术创新、自主品牌与本土企业出口参与 [J]. 当代经济科学,2018,40 (6):91-97+129.

[19] 蔡郁文. 政府补贴对民营企业技术创新的影响研究 [J]. 商业会计,2019 (2):23-27.

[20] 车俊. 大力弘扬新时代浙商精神 推动民营经济新发展新飞跃 [J]. 政策瞭望,2017 (11):12-15.

[21] 陈聪. 资本市场对科技型企业技术创新的影响研究 [J]. 经济研究导刊,2018 (34):6-9+35.

[22] 陈雨柯,吕介民. 经济周期、政府信贷干预与企业技术创新——基于中国制造业上市企业的微观证据 [J/OL]. 华东经济管理:1-9 [2019-04-13]. https://doi.org/10.19629/j.cnki.34-1014/f.180504016.

[23] 程跃,钟雨珊. 企业网络动态能力对协同创新生态系统的影响机理——基于新兴技术企业的理论分析 [J]. 产业与科技论坛,2019,18 (4):79-81.

[24] 丛海燕. 基于知识管理的企业技术创新管理 [J]. 现代企业,2019 (3):14-15.

[25] 丁重,邓可斌. 粤商"敢为人先"vs浙商"应变开创"——基于公司特质信息与技术创新关系的考察 [J]. 研究与发展管理,2014,26 (2):25-37.

[26] 董德然. 环境管制对企业环境技术创新的影响 [J]. 资源节约与环保,2019 (1):133.

[27] 董珊珊. 浙商的伦理禀赋及其当代建构 [D]. 浙江财经大学,2018.

[28] 杜雁平. 新时代浙商转型升级给新西商带来的启示 [N]. 西安日报,2018-07-02 (10).

[29] 段国荣. 我国混凝土外加剂企业技术创新系统运行机理研究 [J]. 科技管理研究,2018,38 (24):189-195.

[30] 范德成,宋志龙. 中国工业技术创新动力区域差异与影响因素研究 [J]. 经济问题探索,2018 (11):86-96.

[31] 范朱灵,刘德文. 众包背景下顾客参与对技术创新绩效的影响:组织学习的中介机制 [J]. 商业经济研究,2018 (18):73-76.

[32] 冯朝军,米咪,温煜. 中小企业技术创新研究综述 [J]. 财会通

讯，2018（30）：125-128.

[33] 符栋良，缪毅. 技术创新补贴对关联企业技术创新的影响 [J]. 科技管理研究，2019，39（1）：20-24.

[34] 高旭东. 中国本土企业技术创新的"共同成长"理论 [J]. 技术经济，2018，37（12）：1-4.

[35] 谷瑾琼. 集聚高精尖 打造创新实力主阵地——合肥市三大开发区创新情况调查分析 [J]. 中共合肥市委党校学报，2019（1）：18-24.

[36] 顾冉. 公司治理与企业技术创新的相关性研究 [J]. 会计师，2019（1）：3-5.

[37] 郭林涛. 高新技术企业技术成果转化中的金融创新研究 [J]. 决策探索（下），2019（2）：20-23.

[38] 何悦桐，宋德玲. 智力资本、战略柔性对中小企业技术创新能力影响的实证研究 [J]. 工业技术经济，2019，38（1）：35-40.

[39] 胡绍雨. 完善我国激励企业技术创新税收政策的建议 [J]. 税收征纳，2018（12）：4-7+1.

[40] 胡苏敏. 企业文化对技术创新的影响——基于文化强度视角 [J]. 北京邮电大学学报（社会科学版），2018，20（6）：42-51.

[41] 胡艳，刘梅林. 工业企业技术创新效率的时空演变研究——以安徽省16个地级市为例 [J]. 铜陵学院学报，2018，17（5）：3-7.

[42] 黄关华. 成长型中小企业技术创新对经营绩效影响的实证检验 [J]. 现代营销（创富信息版），2018（10）：150-151.

[43] 黄辉宁. 互联网背景下商贸流通企业发展对技术创新的影响 [J]. 商业经济研究，2018（20）：116-118.

[44] 黄禁. 技术并购对企业创新绩效影响研究——基于政治联系新视角 [J]. 现代经济信息，2019（1）：87.

[45] 纪慧生，姚树香. 制造企业技术创新与商业模式创新协同演化：一个多案例研究 [J]. 科技进步与对策，2019，36（3）：90-97.

[46] 江雯雯，孙权，乔佳慧，陈玉文. 医药制造业技术创新与出口贸易关系研究——基于辽宁省时间序列的 SE-DEA 和 VEC 模型 [J]. 中南药学，2019，17（3）：470-475.

[47] 蒋成龙. 财税激励政策对高新技术产业技术创新的成效研究 [J]. 现代商贸工业，2018，39（33）：97-98.

［48］蒋武林，张帅，张克荣，武保赟．基于结构方程模型的企业技术创新对安徽省经济增长的影响研究［J］．黑龙江工业学院学报（综合版），2019，19（2）：87-92．

［49］蒋武林，张帅，张克荣，武保赟．企业技术创新能力与生态化水平的关联性研究——以合肥市为例［J］．荆楚理工学院学报，2018，33（5）：16-21+26．

［50］焦郯莹．技术创新投入与企业绩效——基于我国创业板数据的实证分析［J］．当代经济，2018（20）：124-125．

［51］雷磊，胡金晨，彭小宝．制度主义视阈下中小企业技术创新核心刚性治理研究［J］．科学管理研究，2019，37（1）：66-69．

［52］李百兴，王博．新环保法实施增大了企业的技术创新投入吗？——基于PSM-DID方法的研究［J］．审计与经济研究，2019，34（1）：87-96．

［53］李创，刘毅然．基于系统科学的企业环境技术创新行为影响机制分析［J/OL］．系统科学学报，2019（3）：53-59［2019-04-13］．http：//kns．cnki．net/kcms/detail/14．1333．N．20190322．1728．024．html．

［54］李德祥，彭继玉．我国绿色技术创新中存在的问题及对策［J］．湖南财政经济学院学报，2018，34（5）：75-81．

［55］李光红，刘德胜，张鲁秀．信息技术、资源共享与开放式创新——基于新创科技企业的调查［J］．江海学刊，2018（6）：248-253．

［56］李广培，李艳歌，全佳敏．环境规制、R&D投入与企业绿色技术创新能力［J］．科学学与科学技术管理，2018，39（11）：61-73．

［57］李香菊，贺娜．税收激励有利于企业技术创新吗？［J］．经济科学，2019（1）：18-30．

［58］李晓东．论技术创新背景下的企业"跳跃式"发展战略实施［J］．商场现代化，2018（22）：89-90．

［59］李晓红，孔令辉，赵烁．清洁能源企业技术创新的财税激励效应研究［J］．会计之友，2019（2）：103-108．

［60］李亚峰．基于市场导向的企业技术创新研究［J］．新材料产业，2018（10）：59-62．

［61］李园园，李桂华，张会龙．企业社会责任、技术创新与品牌价值［J］．中国科技论坛，2019（3）：71-79．

[62] 林海涛，许骏．基于 TRIZ 理论的技术创新和商业模式协同创新研究［J］．工业技术经济，2019，38（4）：37-42.

[63] 刘冰清，卢子芳，蓝亚．技术创新与战略性新兴产业耦合关系分析与策略［J］．中国集体经济，2018（28）：90-92.

[64] 刘丹．地方政府行为对创业企业技术创新的影响［J］．现代营销（下旬刊），2018（12）：115.

[65] 刘力钢，董莹．大数据情境下民营企业政治关联、跨界搜寻与技术创新［J］．吉首大学学报（社会科学版），2018，39（6）：19-25.

[66] 刘浏，昝廷全．企业技术创新影响因素的系统经济学分析［J］．中国传媒大学学报（自然科学版），2018，25（6）：69-75.

[67] 刘晓慧，刘西国．企业技术创新效率的影响因素：现状与展望［J］．武汉商学院学报，2019，33（1）：26-30.

[68] 刘鑫．企业文化创新对提升企业核心竞争力的作用分析［J］．企业改革与管理，2019（5）：196-197.

[69] 刘璇，王亚田，王丽．科技型中小企业技术创新能力评价指标研究［J］．中国集体经济，2019（6）：74-75.

[70] 刘芷璇，刘英．资本结构、技术创新能力与企业成长性——来自中国信息技术行业上市公司的经验证据［J］．国际商务财会，2019（2）：69-74.

[71] 柳靖．我国企业技术创新专有化手段法律保护存在的问题与对策［J］．武汉工程职业技术学院学报，2018，30（4）：23-26.

[72] 陆倩倩，吴林芸．企业在技术创新中角色与功能演变研究综述［J］．江南论坛，2019（3）：27-28+61.

[73] 陆园园，吴曼丽．构建以企业为主体的产业创新体系研究：以北京为例［J］．创新，2018，12（6）：63-69.

[74] 马红，侯贵生，王元月．虚拟经济适度发展对企业技术创新的影响——基于虚拟经济与实体经济协调发展的研究视角［J］．软科学，2018，32（11）：11-14+79.

[75] 马建龙，李盛竹．财政科技投入影响企业技术创新绩效中介效应研究［J］．地方财政研究，2018（10）：76-84+93.

[76] 孟光兴．技术创新影响大学生就业系统动力流图模型的建立与讨论［J］．中国大学生就业，2018（21）：54-59.

[77] 孟祥宁．推动科技创新要发挥企业的主体作用［J］．当代广西，

2019 (5): 52.

[78] 苗文龙, 何德旭, 周潮. 企业创新行为差异与政府技术创新支出效应 [J]. 经济研究, 2019, 54 (1): 85-99.

[79] 欧阳旺东, 刘纪显. 基于数据包络法的 OFDI 对高新技术企业创新效率的影响分析 [J]. 科技与经济, 2019, 32 (1): 31-35.

[80] 潘颖雯. 社会网络嵌入对高新技术企业双元创新的影响研究 [J]. 价值工程, 2019, 38 (8): 185-187.

[81] 戚湧. 基于交互驱动的核心企业技术创新生态系统构建与演化——以中电熊猫集团液晶技术发展为例 [A]. 中国软科学研究会. 第十四届中国软科学学术年会论文集 [C]. 中国软科学研究会: 中国软科学研究会, 2018: 13.

[82] 钱丽, 王文平, 肖仁桥. 产权差异视角下我国区域高技术企业创新效率研究 [J/OL]. 管理工程学报: 1-11 [2019-04-13]. https://doi.org/10.13587/j.cnki.jieem.2019.02.012.

[83] 芮雯奕, 袁真艳, 殷铭, 夏高云, 张丽军. 基于创新链的企业技术创新情报产品需求分类研究 [J]. 情报工程, 2018, 4 (6): 75-86.

[84] 佘彩云, 谭艳华. 技术创新型企业商业生态系统形成机制探讨——基于深圳市大疆创新科技有限公司的案例分析 [J]. 郑州航空工业管理学院学报, 2019, 37 (1): 83-91.

[85] 沈惠芬. 浙商企业经营风险预警评价指标体系研究 [D]. 浙江工业大学, 2012.

[86] 盛明泉, 蒋世战. 高管股权激励、技术创新与企业全要素生产率——基于制造业企业的实证分析 [J]. 贵州财经大学学报, 2019 (2): 70-76.

[87] 石大千, 杨咏文. FDI 与企业创新: 溢出还是挤出? [J]. 世界经济研究, 2018 (9): 120-134+137.

[88] 孙静, 许涛, 俞乔. 基于金融功能的金融结构促进技术创新之作用机制研究 [J]. 山东社会科学, 2019 (3): 109-113.

[89] 孙世强, 陶秋燕, 陈瑾宇. 技术创新能力、创新氛围对创新绩效的影响研究——基于中国初创企业的实证分析 [J]. 中国管理信息化, 2019, 22 (3): 98-101.

[90] 陶克涛, 赵云辉, 徐敏, 威力思. 民族地区企业社会责任、企业

技术创新与竞争优势的关系[J].财经理论研究,2019(1):10-17.

[91] 童萍,谢荣见.国产新能源汽车企业技术创新效率研究[J].池州学院学报,2018,32(5):53-58.

[92] 王昌林.创新网络与企业技术创新动态能力的协同演进——基于系统动力学的分析[J].科技管理研究,2018,38(21):1-10.

[93] 王冬梅,朱启才.我国企业技术创新问题的制度分析[J].时代金融,2018(26):174-175.

[94] 王罡.技术学习、管理学习对自主创新的影响——技术复杂性的调节作用[J].科技进步与对策,2018,35(21):80-86.

[95] 王华.基于企业技术创新的知识管理应用分析[J].企业改革与管理,2018(19):24+31.

[96] 王焕新.大数据时代竞争情报对企业技术创新的影响[J].经济研究导刊,2018(34):17+100.

[97] 王娟.对外开放与技术创新——基于改革开放四十年的经验[J].经济体制改革,2018(5):12-17.

[98] 王娟.科技型中小企业技术创新路径研究——以知识管理为视角[J].技术经济与管理研究,2018(12):51-54+8.

[99] 王丽茹.基于技术创新驱动下企业财务内控的有效方案分析[J].商业文化,2018(28):65-69.

[100] 王维,李宏扬.新一代信息技术企业技术资源、研发投入与并购创新绩效[J].管理学报,2019,16(3):389-396.

[101] 王艳双,王然,王宇,厉仪.互联网推动工业企业技术创新途径探讨[J].现代营销(经营版),2019(1):138.

[102] 王玉梅,林少钦,孙玉洁.传统企业技术创新与转型升级协同过程与因子研究[J].中国海洋大学学报(社会科学版),2018(6):54-62.

[103] 王昭.建筑业企业技术创新效率评价研究——基于DEA方法的实证分析[J].工程管理学报,2018,32(5):40-44.

[104] 魏永幸.工程咨询企业创新需求、特点及技术创新的体系构建[J].中国勘察设计,2018(10):40-45.

[105] 魏云飞.中国企业技术创新与多元化战略选择[J].中国商论,2018(36):185-186.

[106] 吴庆松.企业技术创新市场导向:困境与出路[J].商学研究,

2018，25（5）：29-33.

［107］吴晓波，吴东．中国企业技术创新与发展［J］．科学学研究，2018，36（12）：2141-2143+2147.

［108］吴晓波．新时代的浙商精神［J］．浙江社会科学，2018（4）：69-71.

［109］吴翌琳．技术创新与非技术创新的协同发展——中国工业企业协同创新的微观实证［J］．求是学刊，2019，46（1）：89-97.

［110］谢晓梦，刘媛．环境保护税对企业技术创新的推动和影响［J］．中国商论，2019（4）：140-142.

［111］谢众民，林春贵．国外技术性贸易措施对我国出口企业技术创新的影响研究［J］．中国物价，2019（3）：85-87.

［112］熊家财，桂荷发．产融结合能促进企业技术创新吗——来自上市公司参股非上市银行的证据［J］．当代财经，2019（3）：48-57.

［113］熊朗羽，韩培培．民营企业技术创新投入与企业绩效——基于风险承担的调节效应研究［J］．吉林工商学院学报，2018，34（5）：35-41.

［114］徐俏俏．浙商企业微信公众号品牌传播研究［D］．浙江大学，2018.

［115］徐莹莹，綦良群，徐晓微．低碳经济背景下企业技术创新模式决策机制研究——基于碳税政策视角［J］．运筹与管理，2018，27（9）：8-16.

［116］闫华锋，仲伟俊．复杂产品系统集成商技术创新的影响要素与系统模型［J］．中国科技论坛，2016（9）：45-50+57.

［117］严森．研究风险投资进入时机对企业技术创新的影响［J］．金融经济，2018（18）：130-131.

［118］杨亭亭，罗连化，许伯桐．政府补贴的技术创新效应："量变"还是"质变"？［J］．中国软科学，2018（10）：52-61.

［119］杨兴龙，张越杰，张弛．农产品加工企业技术创新能力与影响因素分析——基于吉林省30户农产品加工业龙头企业的调查［J］．经济纵横，2019（3）：38-44.

［120］以技术创新为动力　做大做强企业［J］．云南科技管理，2018，31（6）：73.

［121］于永海，吕福新，唐春晖．浙商企业网络的生态重构［J］．华东经济管理，2014，28（5）：8-12.

[122] 袁楷. 组织结构对于企业技术创新影响的文献综述 [J]. 中国市场, 2019 (2): 173+177.

[123] 曾繁荣, 方玉, 张雪笛. 政府补助对企业技术创新的影响路径分析 [J]. 财会通讯, 2019 (9): 103-107.

[124] 张超林, 杨竹清. 股票流动性、代理效率与企业技术创新——基于泊松回归的实证研究 [J]. 华东经济管理, 2018, 32 (11): 151-158.

[125] 张帆, 叶建木. 企业技术创新失败项目再创新补偿及风险分担机制探究 [J]. 财会月刊, 2018 (20): 24-30.

[126] 张继军. 高新技术企业自主创新融资匹配性研究——以阜阳市为例 [J]. 内蒙古财经大学学报, 2018, 16 (6): 59-62.

[127] 张林, 王宇. 企业技术创新动态能力及其网络体系构建研究 [J]. 煤炭技术, 2018, 37 (10): 380-383.

[128] 张美莎, 徐浩, 冯涛. 营商环境、关系型借贷与中小企业技术创新 [J]. 山西财经大学学报, 2019, 41 (2): 35-49.

[129] 张香美. 破坏性创新: 浙商转型升级的出路 [J]. 科技管理研究, 2013, 33 (1): 140-144.

[130] 张香美. 浙商创业模式的演变 [J]. 中小企业管理与科技 (下旬刊), 2017 (12): 53-54.

[131] 张晓锋. 促进中小科技创新型企业发展的财税优惠政策研究 [J]. 纳税, 2019, 13 (7): 49+52.

[132] 张亚飞. 技术创新对企业竞争力的影响 [J]. 合作经济与科技, 2018 (21): 132-134.

[133] 张宗和. 浙商竞争力的解析与提升 [J]. 浙江社会科学, 2011 (10): 30-36+48+156.

[134] 张宗和. 浙商竞争力的解析与提升 [J]. 浙商研究, 2011 (00): 2-13.

[135] 郑慧凌, 高山, 宋宝香. 基于密切值法的国内外医药制造企业技术创新能力对比研究 [J]. 科技管理研究, 2019, 39 (3): 143-148.

[136] 郑郁彪. 企业技术改革和创新途径探索 [J]. 新经济, 2019 (Z1): 126-127.

[137] 周虹, 陈芮. 风险投资对企业技术创新的影响综述 [J]. 天津商务职业学院学报, 2018, 6 (5): 66-70.

[138] 周亚林. 我国农业企业技术创新存在的问题及对策研究 [J]. 农村经济与科技, 2018, 29 (19): 167-168.

[139] 朱华友, 何钰凝, 李涵. 浙商回归的动力机制及对地区转型发展的影响: 企业再地方化视角 [J]. 浙江师范大学学报 (社会科学版), 2017, 42 (5): 1-8+129.

[140] 朱明秀, 文娅. 财务灵活性、产权性质与企业技术创新投入——来自高新技术企业上市公司的经验证据 [J]. 中国注册会计师, 2019 (1): 59-63.

[141] 宗慧芬. 创新资金生态化配置风险预警模型构建——基于高新技术企业视角 [J]. 财会通讯, 2019 (2): 113-117.

后 记

浙商群体是中国四大商帮之一,在历史上赫赫有名,在改革开放后更是取得了令人瞩目的成就。浙商的发展壮大历程正是中国经济蓬勃发展的一个缩影,浙商企业的改革和发展更是中国改革开放的一面旗帜,可见,浙商群体取得的商业成就有其社会必然性和历史必然性。本书对浙商的企业技术创新和管理创新研究并非一帆风顺。正所谓"曾经沧海难为水,除却巫山不是云"。事实上,这一商业群体需要研究的特征繁多,值得思考的内容也很多,如何选择有效的视角深入阐述浙商企业的群体特征而非对这一群体流于表象的阐述一直是个难题,不同的研究视角都会有不同的收获。目前,国内外针对浙商企业的研究内容也很多,包括浙商企业的商业模式,浙商企业取得成功的浙商精神、浙商企业的组织创新、浙商企业的党建过程,甚至浙商发展历史等都存在许多值得深思的重要研究问题。一直以来,笔者就有这一想法期望对浙商群体进行系统性分析,通过研究浙商企业某一方面特质,深入挖掘浙商企业成功的重要关键性问题,帮助其他现代企业进行产品研发和企业管理。最终,结合新时期企业发展的要求,本书决定从企业技术创新和管理创新角度分析浙商的成功经验。这主要源于2012年时初到东南大学跟随恩师梅姝娥教授攻读博士学位时对企业技术创新相关知识和理论的系统掌握。读博期间对于相关企业技术创新理论和方法的学习对本人系统研究浙商技术创新和管经验起着莫大的帮助,在此深表感谢。

浙商的经营历史和发展源远流长,这一群体经商的思想共性在于历代浙群体商都秉持"诚信、务实"的商业精神名闻天下。进入改革开放时期,浙商在继承传统商业文化的基础上,靠"四千"精神走出敢为人先的创新路途,写下坚忍不拔的辉煌创业故事,这成为改革开放企业发展的重要实践力量。一大批知名的浙商企业家代表成为引领中国经济发展的重要代表,包括娃哈哈公司的宗庆后、阿里集团的马云、鲁冠球等浙商企业都在各自岗位上取得了骄人的成绩，并称为改革开放的先锋模范，其成功既具有偶然性，也具有历史的必然性。很重要的一点在于浙商将企业技术创新和管理创新作为企业发展的重要推动力，从技术研发和企业管理两方面通过各种创新举措加快企业的发展步伐。在大数据时代，当前的科技发展日新月异，云计算、人工智能、大数据技术等日益影响企业的发展，并直接推动了经济结构的变化和企业生产研发方式的变革。新一代浙商群体已经开始接过老一辈浙商的旗帜，不断攀登，勇立潮头。然而，从"浙商创业"到"浙商守业"阶段，新一代浙商群体面临着更多的困境，一方面来自外部市场环境的变化；另一方面也来自内部经营模式的变革。这需要有应用新技术的紧迫，更要有开拓新模式的勇气，加快管理创新，以创新推动企业发展，继续走在时代的前列。

  本书的出版既继承传统又体现时代精神。在改革开放40周年，新中国成立70周年之际又能致敬前辈、不忘初心、牢记使命。本书力求通过较为扎实的案例和明确的理论体系来把浙商的优良品质完全呈现。通过分析浙商的不同类型技术创新模式和方法，发现浙商精神的本质和核心在于创新。而在新时期，创新的内容和实质体现在企业技术创新和管理创新的方方面面。本书的相关研究得益于浙江财经大学工商管理学院董进才院长、王建明副院长、倪文斌副院长等对浙商研究项目的大力支持。特别是在工商管理学院浙商研究项目专项经费的资助下，本书得以付梓。此外，本书的部分研究同时得益于教育部人文社科项目、浙江省自然科学基金项目、中国博士后科学基金项目的支持。部分研究内容涉及网络营销、商业模式创新等，在学院丁军博士、王建国副教授的帮助下予以完善。另外，浙江财经大学本科毕业生何诗楠同学在资料收集、校对整理等方面给予了很大帮助，在此一并表示感谢。

  时光荏苒，由于浙商群体需要研究的具体问题和相关内容纷繁冗杂，需要思考的问题也千差万别。笔者经过大量的文献查阅和市场调研，才完成拙作，写完后忽有"轻舟已过万重山"之感，经过多番修订和校对方得以展现姿容，希望本书的付梓能为处于迷惘中的某些浙商群体发展提供一定的智力支持。通过对浙商企业的数次调研之后才深感"纸上得来终觉浅，绝知此事要躬行"，一个个具体案例成为构建本书研究的实践基础。根据对浙商企业的相关调研分析，并结合具体技术创新的理论框架，才对浙商群体的技术创新和管理创新有了新的认识，突然觉得"柳暗花明又一村"，真正理解性研究新时期浙商企业的技术创新和管理创新的必要性。"雄关漫道真如铁，而今迈步从头越"，希望本书的付梓能在一定程度上对中国民营企业的技术进步和管理发展提供些许经验。

赵江博士

2019 年中秋